MORT ET VIE D'EDITH STEIN

DU MÊME AUTEUR

JUBILATIONS VERS LE CIEL, *roman*, Goncourt du premier roman, Grasset, 1996.

LES CIMETIÈRES SONT DES CHAMPS DE FLEURS, *roman*, Grasset, 1997.

ANISSA CORTO, *roman*, Grasset, 2000.
PODIUM, *roman*, Grasset, 2002.
PARTOUZ, *roman*, Grasset, 2004.
TRANSFUSION, *poèmes*, Grasset, 2004.
PANTHÉON, *roman*, Grasset, 2006.
APPRENTI-JUIF, hors commerce, 2007.

FILMS

Grand Oral, court-métrage, 2000.
Podium, long-métrage, 2004.

Pour m'écrire : moixyann@orange.fr.

YANN MOIX

MORT ET VIE D'EDITH STEIN

BERNARD GRASSET
PARIS

ISBN 978-2-246-73261-7

A Maria.

A tous ceux qui se sentent juif.

NON SOLVM IN MEMORIAM
SED IN INTENTIONEM

Non seulement à la mémoire mais à l'attention de

Franz Rosenzweig
(1886-1929)

(... *Mort et vie d'Edith Stein* est-il le tome 2 d'*Anissa Corto* ?)

Il faudrait entamer chaque journée comme une nouvelle vie.

EDITH STEIN

Tout dépend de l'amour car, à la fin, c'est sur l'amour que nous serons jugés.

EDITH STEIN

La paix et l'éternité dans laquelle tombent toutes les chaînes et tous les masques sont plus grandes que tout.

EDITH STEIN

La religion est aussi variée que l'humanité.

ALDOUS HUXLEY

La passion, c'est l'énergie naturelle de l'homme toute tendue vers son objet.

KARL MARX

Vous vouliez donc expédier les catholiques au ciel avec de la poudre à canon ?

GEORG C. LICHTENBERG

1

> Ça m'est bien égal, ceux qui disent qu'il existe ou non – car l'église du village était douce et grise.
>
> FRANCIS JAMMES

Amour. Vous croyez que je m'en moque. Je suis vivant. Il ne s'agit plus d'aimer réussir à. Mais de réussir à aimer. La multitude n'est pas de cet avis ? Peut-être.

Pourtant l'Autre *existe.* Je suis coléreux, travailleur, jaloux, ambitieux, sensuel : j'aime aimer. C'est toute une aventure : non prévue. A l'heure où nous sommes, Amour est encore possible.

Jusqu'aux larmes, parce qu'on peut être comblé de tristesse. Des millions d'yeux dévoilent des millions de *visages*. L'homme préoccupé des devoirs de la vie sociale pardonne pas aux autres hommes de mettre quelque chose au-dessus : Amour.

Neuf heures du soir. (Il y a, au-dessus de mon bureau, une photo d'Edith Stein.) Je suis un peu fou, mais si attachant !

Surtout qu'on ne pense pas que je prête ma voix, par surprise, à une spéculation littéraire. Le temps passé, toutes les durées entassées, m'obligent à reconnaître ceci : parler d'Amour est mon unique passion. Et la seule chose chez moi qui ne soit pas à vendre.

Ma paix n'est pas la vôtre.

2

> Si tu veux trouver le repos, ne te compare pas aux autres.
>
> EDITH STEIN

On ignore ce qu'est un saint. On imagine que c'est quelqu'un qui a vécu il y a très longtemps avec des sandales, qui est « monté au ciel » les mains jointes, un dimanche matin, escorté par des angelots sortis tout droit du Louvre, battant des ailes dans l'azur.

Un saint, c'est pour nous un monsieur au visage livide et auréolé. Qui pense que le ciel, c'est quelque chose qui est « là-haut », qui se situe « en haut », en altitude. A la verticale. Au-dessus du soleil. Dans la banlieue des étoiles.

Un saint, c'est pour nous un homme qui n'a pas *vraiment* existé. C'est le problème, avec la religion. En histoire, c'est différent : on a existé un point c'est tout. En religion, non. A part les historiens athées et les catholiques convaincus, personne ne dit : « Jésus a existé » ou « Jésus n'a pas existé ». On dit : « Jésus n'a pas *vraiment* existé. »

Un saint, pour nous, c'est quelqu'un qui n'a pas *vraiment* existé. C'est une entité : floue. Pour nous, un saint est situé extrêmement loin dans le passé. Géographiquement, nous nous imaginons qu'un saint, ça habite dans le désert, mais nous ne savons pas lequel : les déserts se ressemblent. C'est jaune, orange, jaune, avec du sable, des cailloux, des dunes.

Un saint, pour nous, c'est sale et pauvre avec des peaux de bête et une canne, ça parle une langue oubliée, ça raconte des choses qui sont ennuyeuses ou incompréhensibles.

Un saint, pour nous, c'est forcément pauvre.

Conclusion : un saint, pour nous, c'est quelqu'un qui a existé mais pas vraiment, habite dans les millénaires passés, sent la sueur, n'a pas un centime, marche sous le soleil toute sa vie en récitant des choses, et n'est quasiment jamais une femme.

Voici un contre-exemple.

Elle s'appelle Edith. Pas Piaf. C'est Edith : mais Stein.

Un être immatériel est un monstre.

3

> Pour montrer que la force et la sagesse humaines ne sont pas en mesure de produire le salut, Dieu donne la force rédemptrice à celui qui paraît faible et insensé selon les critères humains.
>
> EDITH STEIN

Edith Stein : est belle. Je devrais dire « était » car elle est morte, mais le mot « mort », pour un saint, pour une sainte, est un mot qui ne veut pas dire exactement la même chose que pour nous. Un saint est quelqu'un qui meurt, comme tout le monde. Mais c'est quelqu'un qui ne meurt pas comme tout le monde.

La vie d'Edith Stein se raconte au présent, même si elle est « morte » en : 1942.

Mort et vie d'Edith Stein

Edith Stein n'est pas née en Mésopotamie, ni en Egypte, ni en Palestine, ni dans une vallée désertique avec des lézards, un ciel bleu, et elle n'est pas née il y a deux mille ans, mille ans, huit cents ans.

Elle est née quatre ans avant Buster Keaton. Deux ans après Hitler et Chaplin. Aucune Antiquité là-dedans, pas le moindre Moyen Age non plus. A cent ans près, Edith est née il y a seize ans.

Edith a *vraiment* existé. Keaton est mort en 1966, Chaplin en 1977. Si on ne l'avait pas assassinée, Edith aurait pu espérer vivre, jusqu'en 1981, date de l'attentat contre Jean-Paul II (qui canonisera Edith en 1997).

Ça fait drôle, de se dire qu'une femme morte en 1942, qu'une femme connue pour être morte en 1942, qu'une femme dont la vie est inséparable de la mort qu'elle a connue en 1942, et dont la mort et la date de la mort ne forment qu'un seul et même symbole d'une même vie, aurait pu vivre, écrire, penser jusqu'à la sortie de *L'Empire contre-attaque*.

Une des petites bergères de Fatima, qui

avait aperçu la Sainte Vierge en 1913 est morte en 2005. Elle aurait pu voir *Podium* !

Edith Stein naît à Breslau le 12 novembre 1891, jour du Yom Kippour. Chez les juifs, date du Grand Pardon. La mère d'Edith pleure, elle aime les symboles.

Yom Kippour est un jour de jeûne et de pénitence. Le peuple juif reconnaît son péché et attend, plus encore que les autres jours, que lui soit accordée la Miséricorde d'une entité unique : Dieu.

Embrasse-moi, je meurs de soif.

4

> C'est toujours l'aventure que de répondre à l'appel de Dieu, mais Dieu en vaut le risque.
>
> EDITH STEIN

Les parents d'Edith s'appellent : Siegfried et Augusta. Avant elle, il y a eu dix frères et sœurs venus sur terre chez Siegfried et Augusta. Il y a eu des petits morts. Mourir à la naissance, c'est bon pour vous et moi. Naître à la mort, c'est réservé aux saints.

Mais sous le soleil, où Dieu ne promène que les larmes des hommes, il arrive que les fidèles des fidèles soient victimes d'insolations : ainsi le père d'Edith qui : est victime d'une insolation. Elle a deux ans quand il meurt. La mort des mortels n'est pas intelligente, beaucoup moins que la mort des immortels. La mort des immortels elle-même a énormément moins de génie que la mort des éternels.

Augusta, « vraie mère juive » comme l'écrit Edith (*Vie d'une famille juive*), se retrouve avec une future sainte sur les bras. Une future sainte de l'Eglise, c'est pas facile à porter pour une *vraie* mère juive. Si encore cette mère juive n'était pas vraie. Si encore cette vraie mère n'était pas juive. Si encore cette vraie juive n'était pas mère.

Madame Stein, qui est très belle et très forte, reprend l'entreprise familiale (industrie du bois) et surveille de près l'éducation de ses enfants. Le Dieu unique, la Torah, le Talmud ne sont pas des sujets de plaisanterie. Les enfants Stein rechignent à pratiquer : ils ont la foi molle. Surtout les fils, qui préfèrent les filles.

Madame Stein est une femme fière : et secrète : elle s'enferme dans sa chambre, elle pense à Dieu. A son peuple. A l'histoire de son peuple. Aux persécutions. Aux souvenirs des morts : au présent des vivants. Elle réfléchit la nuit : le jour, elle pense. Son lieu préféré dans la maison est la cuisine : elle parle avec ses enfants. Qui la surnomment : « le livre aux sept sceaux » (c'est de l'humour juif).

Edith a des oncles qui généralement se suicident. C'est leur manière de se faire entendre. Ils sont deux à se livrer à cet exercice morbide. L'oncle n° 1 se suicide parce que le soleil le fait déprimer. L'oncle n° 2 c'est la pluie qui lui fout le moral à zéro. On a les suicides qu'on peut. Se tuer soi-même, ce n'est pas raccourcir sa vie : c'est rallonger sa mort.

Se suicider, ce n'est pas ôter de la vie à sa vie, c'est rajouter un peu de mort à sa mort. Edith est traumatisée : elle se tourne vers la religion. Mais le judaïsme ne répond pas à ses attentes. Il ne correspond pas à sa douleur. Il ne s'ajuste pas à ses larmes. C'est un réceptacle aveugle. Un outil qui ne lui sert à rien. Elle se console toute seule : avec zéro Dieu. Quand il existe, Dieu est un et infini : il est unfini. Mais quand : il n'existe pas, c'est un zéro pointé.

Edith est désespérée : elle ne sait pas

comment on fait un : deuil. Elle débute en deuil. Elle est nulle en deuil. Elle voit l'oncle nº 1 tomber d'un immeuble, au ralenti, avec deux nuages en fond, une musique de Bach qui monte vers le ciel : mais le ciel, c'est de l'air et de l'eau, des molécules, il y a de l'oxygène, de l'hydrogène, un tout petit peu d'azote. L'oncle nº 2 a bu un poison et le cœur s'est arrêté de battre. La foi qui ne s'était jamais allumée s'éteint. Tant pis pour le Dieu des juifs et pour Israël : d'autres juifs : naîtront.

— Pour moi, dit Edith, la lumière n'est pas près d'être.

Attends-moi, si tu l'oses.

5

> La clé de tout c'est la Croix. Prêcher la Croix serait vain, si ce n'était l'expression d'une vie en union avec le Crucifié.
>
> EDITH STEIN

Breslau n'existe plus sur les cartes du monde spatial : Breslau n'existe que sur la carte du temps : hier en Prusse, aujourd'hui en Pologne : Wroclaw. Edith Stein est allemande. A moins qu'elle ne soit polonaise.

En 1921, un référendum sera organisé en Silésie : Breslau et la Haute Silésie choisissent de rester allemandes (la Basse Silésie devient polonaise). Chez les Stein on ne veut pas être polonais, mais allemand. Tout vaut mieux que devenir polonais.

C'est déjà du pur Edith : allemande et/ou polonaise, juive et/ou catholique, philosophe et/ou mystique. On peut tout être à la fois. On peut être une Polonaise allemande, une Allemande polonaise, une juive catholique, une catholique juive, une philosophe mystique et une mystique philosophe.

Les familles juives se sentent prussiennes. Elles sont loyales envers l'Etat. Elles sont fières de leur germanité. La famille d'Edith ne fait pas exception à la règle. Etre juif de Silésie, c'est être prussien, *heureux de l'être.* Beaucoup de Juifs allemands sont des nationalistes prussiens.

Edith est une fille que la religion ennuie. Elle n'en a rien à foutre du judaïsme de (sa) maman. Ça remue pas son âme. Elle n'est faite que de corps : c'est une définition de la jeunesse.

La foi, quelque chose de presque vulgaire. Un déraillement. Quelque chose pour les obsédés. Un masque, un mensonge : ça crépite pas. Ça fait pas la moindre : étincelle. Ça ment. Elle ne s'est pas arrêtée sur la Torah.

Elle préfère l'histoire, l'allemand, la logique. Elle s'intéresse à la géométrie.

La Torah, c'est plein de métaphores ressassées. De commandements tyranniques. De vieilles lunes, de machins pitoyables, de missions éteintes.

A l'école elle est la meilleure en : tout. Elle a un amoureux : elle s'en préoccupe en silence.

Edith est une grande caractérielle. Elle pique des crises. Elle multiplie les colères. Les caprices. Elle exerce sur son entourage une pression sans relâche. Elle aime bien : détruire les choses. Faire : du mal à des gens.

Sa souffrance ne pourra finir qu'avec le départ de chez elle : sa mère l'étouffe. Edith vit aux environs du suicide. Elle n'est pas certaine de l'existence. Les possibilités de vie sont nombreuses : c'est angoissant.

Soudain, elle se calme. Elle fait ses débuts dans la passivité. Pourquoi pas ? La passivité est une activité comme une autre. Désormais, tout coulera sur elle. Les accidents, les éruptions volcaniques. La dérive des continents, les guerres mondiales. Quelques apocalypses. Elle intériorise. C'est le commencement de : son génie.

Elle, l'insoumise absolue, commence à se soumettre. Elle brise le dialogue. Elle ne se bat plus. Elle donne l'impression de baisser les bras. Elle fait semblant : d'être. D'écouter, d'entendre : de parler, de rire. Maintenant, sa vie est intérieure.

Elle se révolte par intermittence, se referme aussitôt. Elle hiberne en elle.

Edith n'a pas besoin de chercher la foi : elle ne croit qu'en elle. Née juive, elle devient athée. Pas d'un athéisme athée, mais d'un athéisme juif. Elle respecte mécaniquement le judaïsme. Elle ne trouve rien en lui qui puisse l'aider.

Elle ne renonce pas au plaisir. Elle cherche à jouir à la première occasion. Elle a des pulsions sexuelles. Elle ne les confie à personne. La biologie d'Edith est conforme à la biologie des femmes qui ne deviennent jamais des saintes.

En allemand, il existe trois mots pour dire « corps » : *Fleisch*, la chair. C'est le corps que guette le péché. *Körper* : l'anatomie. C'est le corps qu'étudie le médecin. *Leib* : le vivant.

C'est le corps que convoite la mort. Edith possède ces trois corps.

Elle donne des rendez-vous dans sa tête. Elle est trop timide pour les donner en vrai. Il y a beaucoup de place dans sa tête. Il y a beaucoup de rues, et de ruelles, et d'impasses. Elle y attend des amants.

> EDITH :
> Tout ce qu'on entend par *sentiments*, qu'ils soient sensibles ou spirituels, primitifs ou élevés, sont des éléments constitutifs dans lesquels nous accomplissons pleinement et jusqu'au bout l'acte de vivre, dans lesquels quelque chose de nous est actualisé.

Les choix nous arrachent à des décors, des êtres. A des sentiments. Edith fait des longues promenades. Elle prend des forces. La maison respire trop la prière. Edith referme la Torah, elle ouvre le monde. Elle choisit ce qui est réel, ce qui est monde. Les ronces, par exemple, sont monde.

L'amour le plus exclusif pour une personne est toujours l'amour d'autre chose.

6

> Le Christ continue à vivre en ses membres et continue à souffrir en eux.
>
> EDITH STEIN

Et aussi Göttingen est : monde. Göttingen est la cité des philosophes. Il existe là-bas une probabilité non négligeable d'être moins malheureuse qu'ici, à Breslau. Göttingen est la capitale de l'intelligence. Le célèbre Husserl y enseigne. Il y a développé une discipline étrange et fascinante, neuve, appelée « phénoménologie ». Les jeunes adorent. C'est là qu'il faut être.

A Breslau, on reste pour s'engourdir, se flétrir, mourir. Et ne jamais jamais : s'étonner. A Göttingen on a la possibilité d'éprouver des choses : être inquiet, se figurer que, parler à, regarder, avoir une idée. C'est la folie.

Edith est prête à penser. Elle étudie la phénoménologie. On part à Hambourg voir les bateaux, à Munich boire de la bière, à Garmisch faire du ski : on part à Göttingen étudier la phénoménologie.

La phénoménologie est l'étude de la conscience dans son rapport avec les choses elles-mêmes, les choses telles : qu'elles sont vraiment. Un peu comme si on était ces choses. Proust écrit dans *Le Temps retrouvé* : « Il n'est pas une heure de ma vie qui n'eût servi à m'apprendre que seule la perception plutôt grossière et erronée place tout dans l'objet quand tout au contraire est dans l'esprit. » C'est la réponse à cette question qu'étudie la phénoménologie. Les théories de Husserl permettent de comprendre en profondeur quelques fragments de réel. Les associations d'idées y ont leur importance, les souvenirs aussi.

EDITH :

Dès le départ, quelque chose de complètement mystérieux a dû présider, de manière

> cachée, à mon intention de suivre cette nouvelle voie philosophique : une tendance à préférer avant tout ce qui est objectif, ce qui est sacré dans l'Etre, ce qui est pur et « chaste » dans les choses. Bref : à privilégier la « chose elle-même ».

La rencontre de la conscience avec son objet ne se produit pas forcément tout de suite. La conscience aime bien se promener avant d'attirer l'essence des choses comme un aimant.

C'est ce qui fait la difficulté de la phénoménologie, dont les thèses vivifient ceux qui les comprennent une fois pour toutes. Sauf qu'on ne peut jamais les comprendre une fois pour toutes : la pensée de Husserl évolue tous les jours, elle est mouvante. Parfois contradictoire. Toujours inédite. Le véritable disciple de Husserl est celui qui renonce à l'habitude.

Le judaïsme n'est plus pour Edith qu'un parfum de chambre quand elle était petite. Elle sait que sa vie ne sera pas gâchée : elle peut se consacrer à la philosophie. C'est une manière différente que celle proposée par la religion de vivre en absence avec soi-même. Ceux qui aspirent à une présence continuelle d'eux-mêmes n'habitent pas dans une bibliothèque : ils courent sous des pluies, font pousser des fleurs, saignent dans un combat ou portent des sacs.

EDITH :
Ma seule prière consistait à chercher la vérité.

La philosophie, comme la foi, permet : la solitude. Combien de femmes inconnues, prêtes à se marier au parterre froid d'une chapelle, ont-elles bifurqué vers Platon et Heidegger ? Il n'existe aucune statistique à ce sujet.

Edith, face à Husserl, fait la découverte de sa propre célérité intellectuelle. Son intelligence est tellement rapide qu'elle a du mal à la rattraper. Husserl lui en fait la remarque. Il lui demande de s'expliquer à elle-même la remarque extraordinaire qu'elle vient de faire devant ses camarades.

Je l'eusse voulu dans mon âme,
et seulement là.

7

> Dieu sait ce qu'il veut faire de moi,
> je n'ai aucune inquiétude à ce sujet.
>
> Edith Stein

En 1915, Edith interrompt ses études : elle veut participer à la guerre. Elle s'engage dans la Croix-Rouge. Elle est amoureuse mais cet amour : n'est pas réciproque. Il s'appelle Roman Ingarden. Polonais. Très beau. Edith aime les hommes beaux. Elle n'a jamais eu ce penchant que peuvent avoir certaines grandes intellectuelles pour la laideur masculine, Simone de Beauvoir pour Jean-Paul Sartre.

Elle est aide-soignante sur le front autrichien. On l'affecte à Mährisch-Weiβkirchen au lazaret des contagieux.

EDITH :

J'ai décidé moi aussi de me battre. Tous les hommes, toutes les femmes ont une guerre à mener : contre une nation ennemie, contre soi-même, contre les préjugés, parfois contre ceux qu'on aime.

Edith est reçue par l'infirmière en chef. Elle porte un chapeau cloche, comme les actrices dans les films muets. Le bureau est une grande pièce, très claire. Il y a des rhododendrons. L'ambiance est sereine : impression d'un temps de paix. Edith s'incline. L'infirmière en chef s'appelle sœur Margarete. Elle est petite. Elle n'a pas trente ans.

— Bonjour ma sœur.

— Pour commencer : ôtez votre chapeau.

Edith enlève son chapeau cloche de film muet. La vie est étrange : pendant qu'Edith s'engage comme infirmière sur le front, parmi les morts, les blessés, la souffrance, le barbelé et la boue, les microbes, eh bien, *au même instant, sur la même planète*, des endroits comme Hollywood existent. *Au moment même* où Edith va peut-être mourir pour l'Empire allemand, des gens de son âge, sous le soleil, en Californie, tout à côté d'une mer bien bleue, sont payés pour faire des gags pâtissiers dans un film de Mack Sennett ou se déguiser en cow-boys.

Incroyable simultanéité des activités humaines. Que se passe-t-il à Rio de Janeiro, sur la plage de Copacabana, pendant qu'ici des soldats se battent dans les tranchées au milieu des rats ? Réponse : à peu près la même chose qu'aujourd'hui, en 2008 : la mer identique à la mer, d'un bleu identique au bleu de toujours, avec les mêmes vagues copiées sur les sempiternelles mêmes vagues, infiniment : répétées...

— Je vous parle, mademoiselle Stein...

— Pardon.

— Ici, on s'excuse pas. Vous êtes bien certaine d'avoir mesuré l'ampleur de votre engagement parmi nous ma fille ? C'est ici une vie de communauté, et qui plus est : située au milieu de l'Enfer.

— Tant que la guerre durera, je refuse d'avoir la moindre vie personnelle. Toute ma force est vouée à la guerre.

— C'est un discours que j'entends souvent, et après on vient pleurer dans ma robe et on m'implore d'être renvoyée chez papa maman... Il faut bien que vous sachiez, mademoiselle Stein, qu'ici nous sommes seules. Le directeur du lazaret est tchèque, et nous aime pas. Les médecins nous méprisent. Le commandement militaire nous ignore. Quant à la population locale, en majorité tchèque, c'est tout juste si elle nous crache pas au visage... Demandez pas votre chemin en allemand, si un jour vous vous perdez : personne vous répondrait.

— Bien...

— Bon. Choléra ou typhus ?

— Pardon ?

— Vous avez une préférence ?

— Heu...

— Je vais vous affecter au typhus. Ah, une dernière chose.

— Ma sœur ?

— Vous avez peur de la mort ?

Sur ordre de l'infirmière en chef, une sœur acariâtre, à la laideur étonnante, accompagne

Edith jusqu'au dortoir. Elle lui désigne un petit lit en fer.

— Tu t'installeras là.

— Bien ma sœur.

— Tu contracteras sans doute une angine dans les jours qui viennent. Comme tout le monde.

Edith plie ses vêtements et les pose sur le lit qui sera désormais le sien. Soudain, une voix surgit de nulle part. Sœur Loni. Une petite rhénane ronde. Chaleureuse : et bavarde. Son visage est (assez) joli.

— T'inquiète pas, c'est une folle celle-là. Une hystérique ! Moi, j'ai pas eu d'angine... Mais c'est vrai aussi que c'est la seule chose que j'ai pas encore attrapée !

Edith a de l'humour puisqu'elle rit.

— Loni, enchantée.

— Edith.

— Je vais te faire visiter la section typhus.

C'est le grand ballet des cadavres. Elle voit des corps mauves. Des soldats reviennent sans visage, le torse troué. Elle les soigne, sans dégoût. Leurs silhouettes ne sont que des ombres, et malgré un tout dernier souffle, un dernier sourire, une dernière cigarette qu'Edith parfois leur plante attendrie dans le bec, les voici qui s'affalent, jeunes et morts. Jeunes pour toujours et morts pour toujours aussi.

Ils ont entre 18 et 26 ans. Ils auraient bien aimé faire le tour du monde. Rencontrer des samouraïs. Faire l'amour avec des femmes dodues. Lesquels ont fait l'amour parmi eux ? Les bacilles pullulent dans leurs chairs. Edith accueille ces corps exténués, elle leur parle, leur donne des soins, elle se désinfecte. Ces soldats ne seront jamais heureux. Ils ont la vie minutée.

Edith pose sa main sur des formes, et ces formes sont parfois des visages, et parfois ça n'en est plus : mais des cratères. Les bacilles sont dans une folie. On manque de seringues. Le blond là-bas bave. Un autre tressaute. Le lit numéro douze chante. C'est une manière de hurler. Ceux qui n'ont pas connu l'horreur l'ignorent : quand la douleur est trop vive, quand la douleur dépasse la douleur, qu'elle accède au stade où la mort est une délivrance, une chance, un moment de bonheur, alors le supplicié, le malade, le blessé ne crie plus, ne hurle plus, n'appelle plus, n'implore plus, ne prie plus, ne pleure plus : il chante.

Il y a, oui il y a : un monde au-dessus des larmes, et ce monde est chanson : et ce monde est chanté. Il y a, il existe, un peu plus loin que le délire et la transe, avant l'évanouissement définitif ou le coma prétentieux qu'on appelle la mort, un automatisme connu de ceux-là seuls qui ont voyagé jusqu'aux extrémités : c'est la chanson. C'est le chant.

Et ce chant, et cette chanson, cela peut être, cela est souvent : une chansonnette. C'est souvent quelque chose d'enfantin : c'est souvent quelque chose d'enfant. Edith essaye d'être la mère de tout ça : de cette marmaille de muqueuses, de cette étendue d'encombrements où les corps, convulsifs, ou les espérances, confisquées, continuent de se débattre, par instinct, dans une orgie qui mêle la boucherie pangermaniste et la tendresse des comptines.

1916. C'est l'année, pour Edith, de la découverte du mystère eucharistique.

EDITH :

Je suis entrée quelques minutes dans la cathédrale et, tandis que je me tenais là dans un silence respectueux, une femme est entrée avec son sac à provisions et s'est agenouillée sur un banc pour prier vite fait. Pour moi, c'était du jamais-vu. Dans les synagogues et les temples protestants que j'avais fréquentés, on ne venait que pour les services divins. Mais là, quelqu'un était en train d'interrompre ses tâches quotidiennes pour se livrer, dans une église déserte, à une sorte d'entretien intime. C'est quelque chose que je n'ai jamais pu oublier.

Les bornes du rationalisme dans lequel elle a été élevée sans le savoir sont tombées. L'univers de la foi est soudain devant : elle.

En cette minute s'accomplit
ma destinée.

8

> Il faut montrer qu'il n'y a pas de modèle, il n'y a que du modelage.
>
> JEAN-LUC GODARD

La question qui obsède Edith, dès cette époque, est : *comment être soi ?* Comment être une femme libre parmi les imbéciles qui se ressemblent, aveuglés par leurs : ressemblances. Une femme libre : mais seule parmi les milliards de gens qui se suivent, heureux d'être photocopiés (et dans le métro, dans toutes les jungles, sous les mers, les bus bondés, les cinémas, les entreprises, les magasins, les gares et les aéroports...).

Quand tu te lèves le matin, lecteur, tu sais que tu ressembles : à. Que plus ou moins tu es le sosie : de. Que t'inventer sur mesure la vie que tu aurais dû vivre est de plus en plus hard, de moins en moins possible : c'est un aveu d'échec : tu vas mourir tout à l'heure, mais tu seras déjà mort quand tu : mourras.

Il faut trouver un sens à sa vie : une direction, d'abord (un sens après). Afin de : ne pas répéter les répétitions des autres, redire les paroles déjà redites par elle et lui, refaire les mêmes raisonnements appris par cœur et répétés. Je connais zéro gens ou presque qui se sont aventurés dans la vie qui leur va : dans la vie qui leur revient. Pour laquelle : ils étaient faits.

L'être humain, toujours déjà fatigué, lâche, paresseux vile, moche de presque partout quand il s'y met, a peur de faire commencer son existence : il recopie celle du voisin. Il épouse, comme le sosie des chanteurs, des acteurs, la vie déjà vécue d'un autre : il suit des trajectoires déjà dessinées, des destins (de merde) déjà réalisés.

Eh bien, lorsque tu veux devenir un saint (Edith est encore loin, à 20 ans, d'en être là) : c'est quelque chose que tu ne dois jamais faire.

Devenir un saint, ça commence par s'engager dans une voie inventée défrichée par toitouseul, seulaumonde, perdu dans les possibilités de jungles des vies. Mais il faut te choisir une durée : longue. Il ne faut pas sans arrêt revenir dans une autre vie, changer de futur toutes les cinq minutes, corriger les décisions, virevolter, hésiter, renâcler, regretter. Tu n'es pas sur le Net, une vie de saint.

Hé, lecteur : tu as fait quoi de ta vie ?

Je sais que tu triches, que tu n'es pas très sincère. Que tu (te) mens. Tu ne sais pas que faire de tes journées, tu as peur de rester tout seul chez toi. Tu trembles peureux, et je sais que : tu as peur de la peur. Vaguement, tu déprimes. Tu te promènes, tu fais des « achats », tu te trémousses dans quelques lits, avec des corps frôlés : tu jouis, hop hop (c'est fait, arrrgh). Tu te fais croire, parfois, devant une feuille blanche, que *toi aussi* tu as des idées : que *toi aussi* tu es un gros malin, que tu as des choses politiques, thermodynamiques, poétiques, philosophiques à dire.

Tu prends des notes. Tu écris ton journal. Tu confies des choses à ton « blog ». Ça pour bloguer tu blogues. Tu dois pas prier des masses, tel que je te connais (je ne te jette pas la pierre, je ne prie pas non plus).

Je voudrais que, pour une fois, tu t'intéresses à une sainte : que tu te passionnes pour : Edith Stein. C'est une femme extrêmement originale. Un individu totalement individuel. C'est une philosophe très, très spéciale : elle mêle Husserl au Christ, la phénoménologie à la Croix. C'est assez fascinant. Tu n'entres pas dans une église. Mais dans une vie : une vraie.

Nous avons besoin de savoir, et nous n'avons besoin que de savoir.

9

> Nous avons besoin des heures où nous sommes à l'écoute en silence.
>
> EDITH STEIN

A 20 ans, lassée par Augusta Stein, une « vraie mère juive », trop vraie, trop mère, et surtout trop juive, Edith décide d'explorer son cerveau plutôt que son âme. Elle décide d'être intelligente et : d'apprendre des choses très compliquées. Subtiles infiniment. La phénoménologie de Husserl lui fournit une excuse en or pour quitter son (étouffant) foyer. Le village des Schtroumpfs des husserliens, c'est : Göttingen. Husserland ! C'est à Göttingen que ça se passe : c'est à Göttingen que « toute conscience est conscience de quelque chose ».

Elle a eu son bac sans problème (avec des notes qui vous rendraient jalouses). Elle aimerait beaucoup être heureuse. Il faut qu'elle se choisisse une vie à vivre. Du point de vue d'Edith, Edith n'est pas (encore) née. Edith porte souvent une veste grise à revers prune. Et un petit chapeau de toile usé. Elle a laissé des poèmes dans un tiroir de sa chambre. Le soir elle se blottit dans une vieille couverture bleue déteinte mangée aux vers (mais qui l'inspire) et est coiffée d'une barrette noire que sa sœur : n'aime pas.

C'est là-bas, à Göttingen, que les jeunes se retrouvent en bande, en bande de jeunes, pas pour faire brûler des voitures ou rédiger des tracts, mais pour réfléchir à des notions pointues qui vous dépassent (si, si : qui vous dépassent, je suis désolé) comme « l'intentionnalité de la conscience ». C'était bien la peine de fuir le Talmud ! Husserl aussi c'est de l'hébreu : mais de l'hébreu athée. De l'hébreu nettoyé de Dieu. L'hébreu sans Dieu dedans, ce n'est pourtant plus de l'hébreu : l'hébreu, c'est là que Dieu dort. C'est son lit. Tu tournes les pages : ce sont ses draps que tu froisses.

Edith habite dans une petite chambre qui n'est pas très gaie. Il fait froid. L'été : chaud. Vraiment très chaud : elle ne peut plus respirer. En classe elle respire. Husserl lui dégage les bronches : elle passe des centaines de milliers d'heures à annoter, souligner, apprendre, reprendre, lire, relire une autre Bible possible : *Les Recherches logiques* (elle commence par le volume 2). On est logique à Göttingen.

Elle travaille plus que les autres. Elle a peur de n'être pas aussi intelligente qu'eux, ce qui est une preuve d'intelligence. Il n'y a pas de radiateur dans sa chambre d'étudiante : regarde, elle place une chauffeuse électrique sous ses pieds. Le dimanche, elle fait chauffer l'eau de son thé en faisant (dans sa tête) la synthèse des cours de la semaine. Elle allume un feu dans une cheminée minuscule (elle n'a pas le droit d'allumer de feu : pour des raisons de sécurité).

Il faut le dire clairement : Edith Stein est une petite polarde : et qui mériterait bien deux trois claques. On sait (par de nombreux témoignages, et je les ai annotés, soulignés, appris, repris, lus, relus) qu'elle n'était pas une première de la classe *fayote*. Elle ne levait jamais le doigt pour répondre et ne communiquait pas ses notes par discrétion. Or, c'était bien elle la meilleure. C'était rare une fille chez les philosophes : première de la classe surtout. Les étudiants étaient généralement des têtards mâles qui rivalisaient de binocles et d'acné et qui, entre deux séminaires sur la notion de *Zukunft*, se multisecouaient le roseau dans des chambrettes moches en se mordant les lèvres jusqu'au sang.

On dirait quelquefois qu'elle comprend des choses. Pas toujours. Elle cause tout bas.

10

> Plus un être vit recueilli au plus intime de son âme, plus fort est ce rayonnement qui provient de lui et qui attire les autres à sa suite.
>
> EDITH STEIN

(Regarde :) Edith est en train de déjeuner : seule. Avec un cours de Husserl qu'elle a annoté toute la nuit. Elle n'est pas encore une martyre juive : elle n'est pas encore une martyre chrétienne. Elle n'a pas vraiment de peuple : seulement de la jeunesse, des amis qui s'intéressent au cosmos, et des sentiments amoureux qu'elle garde pour elle car elle n'ose pas aller voir le garçon qui. Le garçon que. Le garçon dont.

Elle n'est qu'approximativement juive :

— Les subtilités talmudiques m'horripilent.

Elle n'est pas allemande, pas polonaise, pas juive, pas catholique : elle est husserlienne. C'est une jeune fille dans le coup : elle est « in », Edith Stein. La phénoménologie en Prusse en 1910, c'est comme l'existentialisme à Saint-Germain-des-Prés en 1946 : à la mode. C'est la classe. C'est très chic. Il vaut mieux en être. C'est un argument de drague. Alexandre Koyré lève des meufs avec ça.

Il y aurait un très gros livre à écrire, une thèse, mais personne ne lit jamais une thèse, une thèse ça s'écrit, ça ne se lit pas, sur un sujet passionnant, étrange, fascinant : pourquoi tous les phénoménologues de cette époque ont-ils fini par se convertir au catholicisme ?

La phénoménologie s'intéresse au transcendant, au révélé, au divin : elle n'est pas la seule. Elle opère un retour aux choses « elles-mêmes », à la conscience intime « elle-même ». Elle opère par forage dans la vérité intime de l'être. Elle fouille et triture les abîmes de la conscience : la foi habite par là, un recoin. La phénoménologie aime les recoins : elle les visite. Elle les ausculte.

La chose « elle-même », c'est pas simplement une formule pour coller les sorbonnards et les khâgneux. C'est important : les êtres chastes épris de pureté, un rien obsédés par un nettoyage de printemps de leur être et de l'Etre et des autres êtres, s'aperçoivent, tant dans les tranchées qu'en prenant leur bain, s'aperçoivent, tôt ou tard, parfois juste avant de mourir, que la chose « elle-même » accepte à la fois, accepte à égalité, accepte avec la même légitimité, la même joie, la même embrassade, accepte en même temps avec la même fraternité : la réflexion et : la prière. Dieu et : la raison. La foi et : la physique.

La phénoménologie est une méthode d'analyse et de description des phénomènes, c'est-à-dire des objets dans leur plénitude et leur concrétion, et de la conscience qui leur correspond.

— Je comprends rien à ce que tu racontes.

— Une méthode d'analyse et de description, ça tu comprends ?

— Méthode d'analyse et de description je comprends.

— Des phénomènes.

— Des phénomènes aussi je comprends. C'est la plénitude des objets, je suis moins sûr. Quand à leur concrétion, je comprends même pas le mot.

— Tu es bien écrivain, non ?

— Oui.

— La phénoménologie, c'est un regard simple sur les choses. Voilà ce que c'est. Dans le but de découvrir leur vérité propre. Ce qu'il y a dedans. A l'intérieur. Ce qu'elles recèlent. Ce qu'elles cachent. Ce qu'elles dissimulent.

> EDITH :
> Toute chose porte en soi son mystère et renvoie au-delà d'elle-même.

Tout cela est bien beau... Et très « chic »... Mais pour avoir une chance de connaître les choses « elles-mêmes », « en elles-mêmes », il faut accepter d'abord une idée qui peut paraître extrêmement saugrenue : que le contenu de l'expérience ne provient pas de l'expérimentateur, de l'observateur, et donc de la structure du sujet, mais que c'est l'objet étudié, observé, appréhendé qui détermine la connaissance que nous pouvons en avoir. Husserl n'est pas d'une lecture extrêmement aisée et on lui préférera peut-être le dernier roman de Patrick Modiano.

Pour Kant (qui fait également très chic dans un livre, particulièrement lorsque ce livre n'est pas un ouvrage philosophique : ce qui est ici le cas), pour Kant, l'objet étudié, le phénomène observé n'est analysable que parce que l'esprit (humain) est structuré d'une manière qui permet l'exécution de cette opération. Kant impose sa loi aux choses. Les choses imposent la leur à Husserl. Avec la phénoménologie, on gagne donc en humilité : c'est un premier pas vers : la foi.

Husserl, plus qu'aux objets qui sont ici, et là, et aux choses que vous voyez, oui, là, toutes ces choses, simples, communes, posées ici, Husserl s'intéresse aux phénomènes : au mode de manifestation des choses à la conscience. C'est un maniaque de la conscience. Sa phénoménologie étudie la conscience. Car pour lui tout dépend d'elle : même le monde. Les choses. Vous, toi, moi...

Edith n'est pas une femme comme les autres, pas une juive comme les autres, elle ne sera pas une chrétienne comme les autres, eh bien : il n'y a strictement aucune raison qu'elle soit une phénoménologue comme les autres : c'est pourquoi elle se détache de son maître sur ce point. Husserl ayant eu le fantasme de bâtir une *philosophie aussi rigoureuse que la science*, il est parfaitement normal, parfaitement compréhensible, qu'il ait choisi de limiter sa réflexion à l'étude du phénomène de perception de la réalité plutôt qu'à la réalité elle-même, dont on peut toujours infiniment douter (c'est mon cas).

Edith reproche à son maître l'impossibilité théorique, dès lors qu'on s'enferme dans la conscience seule, qu'on s'enferme dans une seule et même conscience « intentionnelle », de prendre en compte les consciences autres, la conscience des autres. Le mouvement vers autrui : un deuxième pas vers : la foi ?

Je crois que tu as raison de compter
sur ma douceur.

11

> Ce ne sont pas les achèvements humains qui peuvent nous venir en aide mais la passion du Christ. Mon désir est d'y prendre part.
>
> EDITH STEIN

Edith se défendra longtemps (mais après coup) d'avoir suivi trop longtemps le chemin de la raison. Il n'empêche : Husserl, c'est d'abord les mathématiques et la géométrie, et la philosophie pure, et la réflexion pure.

Un des profs d'Edith est Max Scheler. Un génie. Devenu célèbre. Qu'on lit et étudie encore beaucoup : en 2008. Dans le monde : entier. Il est traduit. Il est commenté. Il fait encore (en 2008) autorité. Max fait une impression monumentale sur Edith qui pourtant n'est pas du genre à se laisser impressionner. Depuis toute petite, quand elle a un problème à résoudre, un problème d'algèbre, de géométrie, de couture, de philosophie, de grammaire, d'allemand, de logique ou de foi, elle essaye, elle met tout en branle pour le résoudre à sa manière, selon sa nature propre, selon les lois de son caractère et les originalités de son intelligence. Quand elle se force trop (se forcer, pour elle, c'est vouloir être quelqu'un d'autre que soi, quelque chose d'autre que ce qu'on est), c'est qu'elle se trompe. Pour elle, un problème finit toujours pas être résolu quand on laisse agir son inclination naturelle, sa pente intime, sa personnalité unique. C'est par l'inédit qu'on triomphe. Pour être un jour un saint, il faut savoir ne pas rabâcher.

EDITH :
Tout le monde peut avoir du génie dans la foi. Au coin de ta rue, il y a peut-être un Picasso de la foi. Mais c'est rare qu'on le sache. Et il y a une raison très simple à cela : c'est qu'il est très rare que ça se voie !

Le ciel immaculé comme un manteau abattu sur ses belles épaules.

12

> La foi, c'est l'obscurité de minuit. Cependant, lorsque l'âme trouve Dieu, l'aube du jour nouveau de l'éternité pointe déjà dans sa nuit.
>
> EDITH STEIN

Edith souffre beaucoup pendant cette période, elle ne sait pas de quel côté : pencher. La foi ? La raison ? Elle ne sait pas encore qu'elle va opter pour les deux, que son dernier livre s'appellera, s'intitulera : *La Science de la croix*. C'est un des plus beaux titres de toute l'histoire de la théologie chrétienne, et de toute l'histoire de la littérature. Les saints ne sont que trop rarement, trop occasionnellement rangés dans les rayons « Littérature » des librairies. C'est une ineptie. Tous les saints qui ont écrit sont de grands écrivains.

Quand Edith souffre, c'est toujours en silence. Le contraire de Simone Weil. Simone Weil criait sa souffrance (avec génie). Elle emmerdait tout le monde avec sa souffrance. Elle emmerdait tout le monde afin de pouvoir souffrir ! Dans un entretien télévisuel de 1974, Gustave Thibon, qui l'avait recueillie chez lui pendant quelques mois, raconte comment elle a exigé de lui qu'il lui installe, au milieu des rats et devant une rivière, un lit de camp percé dans une masure délabrée, cernée par les ronces, les orties et détrempée par l'humidité, alors qu'il avait tout simplement installé à Simone une chambre d'amis sobre et propre à l'étage de sa propre maison. Il avait ainsi passé deux jours à faire en sorte que mademoiselle Weil soit la plus *mal* installée possible !

Et encore : être la plus mal installée, Simone ne l'eût pas supporté non plus ! Car il y a un orgueil dans l'inflation du pire. Le *plus mal*, c'est ce qui se fait de mieux. C'est du confort, c'est du luxe à l'envers. C'est encore du domaine de la compétition, de l'excellence, de la perfection, de la vanité, et par conséquent de la : petitesse : il fallait donc que Gustave l'installât le *moins bien* possible. (A lui de zigzaguer, de se perdre, dans les nuances, dans la marge séparant le *plus mal* du *moins bien*. Pas le problème de Simone !).

— Ah non Gustave, non ! Merde ! Tu déconnes, là...

— Ben quoi ? T'es très mal installée là...

— C'est justement le problème ! Je veux être « pas bien installée ». Le moins bien possible. J'ai jamais dit le plus mal. Car le plus mal : c'est le mieux mal installée que tu puisses faire. Le plus mal, Gus, c'est encore du mieux. Ça appartient au domaine du mieux. Or, le mieux, même quand c'est dans le mal, c'est du ressort de Dieu. Moi, je suis pas Dieu, je suis qu'une pauvre femme, donc je veux quelque chose qui soit pas abouti, dont la finition est pas certaine, quelque chose qui est pas de l'ordre du palmarès, tu vois ? Tu comprends ? Hé ! oh ! Gus ! Tu comprends ?

— Oui, mais alors à ce moment-là, pourquoi tu accepterais pas d'être la « moins mal installée » : c'est ce que je te propose, là, dans la chambre d'amis.

— Mais parce que je suis pas maso !

— Pardon ?

— Ben oui : j'ai jamais demandé à ce qu'on m'installe mal ! J'en veux pas, moi, de ton mal ! Je veux que le bien ! En donner et qu'on m'en fasse ! Si tu m'installes mal, c'est dégueulasse, ça veut dire que je suis pas la bienvenue chez toi ! C'est nul ! Non, moi, ce que je veux, c'est que tu m'installes bien, mais du moins bien que tu puisses faire ! Bien, parce que je suis pas maso, et du moins bien que tu puisses faire, parce que j'ai su rester simple et que je suis qu'une pauvre mortelle... Si tu m'installes au mieux, tu pars du principe que je mérite le mieux et que je suis d'essence divine : donc, en tant que catholique, mon bon Gus, tu as tout faux !... Si tu m'installes au plus mal, tu pars du principe que je suis masochiste et divine : et tu as encore tout faux. Si tu m'installes au moins mal, tu m'enlèves le côté divin, merci, ok, mais tu fais toujours de moi une maso ! Il reste donc plus qu'une seule option afin que je me sente à la fois humble et bien accueillie : que tu m'accueilles et que tu m'installes du moins bien que tu puisses faire !

Ecoutez, ô chrétiens, les paroles d'Israël
confident de l'Esprit de Dieu.

13

On ne peut croire sans la grâce.

EDITH STEIN

Un (beau !) jour, Edith participe à une course dans la montagne. Elle est obligée de passer la nuit entière dans une ferme perdue. Quand elle se réveille, au petit matin, elle assiste à une prière : ce sont ses hôtes qui : communient. Elle est touchée, elle est émue, elle est intriguée. Elle est presque jalouse : elle aimerait bien participer. Elle aimerait bien y jouer. C'est ça le témoignage de la foi ? Un truc de groupe, dans la montagne, à l'heure des brumes bleues, dans les senteurs cool de passiflore et les relents de liberté éternelle ? Avec des bergers simples sympathiques à bonnet, dont les sabots cognent le plancher, et dont la jeunesse sera jeune longtemps ?

C'est à cette époque, faite de philosophes et de sapins, de longues promenades et de méditations qui compliquent tout, qu'Edith tombe amoureuse de l'allemand ancien : quand elle entend le *Notre Père* dans cette langue qui est la sienne tout en ne l'étant pas, qui est toujours la sienne sans jamais l'avoir été, elle est ébahie, elle pleure presque. Elle est impressionnée par les sonorités, et également par des règles de grammaire aussi difficiles à percer que le : Mystère de la Croix.

Car la Grâce n'est pas : encore là. Edith n'est pas encore touchée par la Grâce : ce sont des attouchements. La Grâce est avant tout quelque chose qui prend son temps, même si, modernité oblige, certaines récentes saintes, je veux parler d'une de mes préférées, sainte Thérèse de Lisieux, ont pris pour avoir accès à Dieu, cet ascenseur mystique sur lequel des livres sont écrits toutes les semaines (mais également trop rapidement). Ce n'est pas encore la Grâce, pas encore, non plus, des moments de Grâce, mais ce sont des prémisses de Grâce, des bandes-annonces, des extraits de Grâce, des teasers. Ce sont des échantillons de Grâce destinés à donner à Edith l'envie d'essayer la Grâce, de s'approcher plus du ciel, pas du paradis, non : tout simplement du ciel, cette étendue bleue, parfois orange, souvent grise et pluvieuse. Il y a une bêtise du ciel dans la religion catholique : celle qui veut nous interdire de penser un ciel qui serait ailleurs qu'au-dessus de nos têtes. Les grands mystiques, les plus grands saints, savent que le ciel est dedans : dedans la tête.

Edith travaille. Elle surligne ce qui est important dans les livres qu'elle comprend vite. La foi n'est absolument pas son problème : mais le classement, si. Et avoir les idées : claires : ça permet d'avoir des idées : neuves.

EDITH :

Je voyais des chrétiens qui vivaient, là, sous mes yeux, j'étais en interaction quotidienne avec eux et je les respectais. Ce fait méritait réflexion. Je n'en étais pas encore à une approche systématique de la pensée religieuse, mon esprit étant alors absorbé par de

> tout autres matières... Mais le milieu chrétien, presque sans que je m'en aperçoive, m'influençait.

Edith prépare sa thèse de doctorat. Sujet : l'*Einfühlung*. « La sympathie ou perception intuitive ». La possibilité d'entrer en sympathie avec l'autre, dans la pensée de l'autre, dans la sensibilité de l'autre. De pénétrer l'autre sans effraction. Les juifs sont des assoiffés de : vérité. Des fous de : vérité. Edith a la passion de la : vérité. Elle a la passion de l'autre. Ces deux passions, combinées, lui ont donné l'idée de sa thèse.

Mais : le sujet lui paraît trop difficile. Elle n'est plus sûre de ses capacités intellectuelles. Elle ne parvient pas à définir rationnellement le sens de « l'autre ». Elle entre en : dépression. Et c'est aussi ce qui en fait une femme moderne. Dépression, c'est nouveau comme vocable. On ne parle plus d'hystérie, de maladie des nerfs : la dépression fait partie du XXe siècle, comme Stravinsky, Valéry, Vasarely.

Husserl l'encourage. Un couple d'amis

l'entoure et la supporte : Adolf et Anna Reinach.

Il existe une photo de la Société philosophique de Göttingen sur laquelle on voit Adolf Reinach, Alexandre Koyré, Hedwig Conrad-Martius (qui aura beaucoup d'importance dans le : destin d'Edith) et Max Scheler.

Max Scheler fait partie des professeurs : il fascine Edith. Elle l'admire plus encore que Husserl. Il est sans doute le philosophe qui a le mieux favorisé le passage en (relative) douceur de la phénoménologie à la pensée chrétienne.

Mais pour Edith, en attendant, c'est la : dépression. Sa correspondance est pleine de détresse. Elle se plaint de la répétition des jours. Des interminables soirées de labeur. Elle se lève le matin à six heures et travaille jusqu'à minuit sans (la moindre) interruption. Elle prend ses repas à son bureau, un œil rivé sur ses livres, ses notes, ses cours.

Elle dépose sur sa table de nuit, avant de se coucher, un bloc et un stylo : il faut pouvoir à tout moment se réveiller pour noter une idée, fixer une intuition. Rien ne doit se perdre. C'est parfois dans ses rêves qu'elle trouve des solutions à certaines interrogations philosophiques qui lui paraissent insolubles le jour.

EDITH :

Plus je passais de temps le nez dans les bouquins, car j'épluchais livre sur livre, et donc plus j'avais d'informations, de documents, de matériel, moins les choses étaient claires, plus c'était le bazar dans ma tête.

La vie, dans le souvenir, devient comme un film muet.

14

> Le « prochain » n'est pas celui que j'aime. C'est tout être qui passe près de moi.
>
> EDITH STEIN

Edith traverse une grave crise d'identité, et de confiance. Elle se trouve moins intelligente qu'elle ne le pensait. Les moments de grâce qu'elle avait jusque-là connus dans l'étude, les joies procurées par la sensation de saisir une idée complexe, la satisfaction secrète de se sentir supérieure aux autres et de les épater, tout ça a disparu. Edith est : désemparée. Nue. Elle doute comme jamais elle n'avait douté.

C'est là que son génie va : éclore. On croit que le génie est ce qui permet aux êtres qui en sont pourvus de tout comprendre. Mais le génie est ailleurs, plus culotté : il est le mécanisme téméraire qui donne à celui ou celle qui en est doté de mettre en doute l'importance, la véracité, l'utilité, la légitimité ou la pertinence de ce qu'un système donné tente de lui faire admettre.

Edith croule sous les ouvrages ? Elle se sent noyée dans la bibliographie ? Elle décrète alors que les livres ne sont pas intelligents. Qu'ils ne sont pas ce qu'il y a de plus important. Qu'il s'agit non pas tant de les lire, que de les écrire. Pour ça, une seule issue. Pour se passer d'eux, de leur savoir, de leur science, de leur sévérité et de leur doctrine, une seule solution : penser à leur place. Penser par : soi-même.

Edith Stein décide donc, *à 24 ans*, d'être en mesure de développer un système philosophique intime, inédit, sur mesure. Une pensée qui reflète sa : personnalité. Ses : capacités. On n'est pas un génie quand on abolit les limites : on est un génie quand on impose les siennes.

C'est sur la carte de sa subjectivité qu'elle va tracer sa philosophie. Pour qu'une chose apparaisse à Edith dans toute sa clarté, qu'un problème soit désossé avec rigueur, il faut qu'Edith reprenne tout de zéro, seule, sans a priori, qu'elle mette tout à plat humblement sur sa table de travail, comme si elle n'avait (presque) jamais entendu parler du sujet à explorer. Telle est sa méthode pour comprendre (puis, expliquer) le monde : se l'expliquer d'abord à elle-même avec les outils construits par : elle-même.

Il ne s'agit pas d'être plus intelligente que les autres : mais d'être aussi intelligente que soi. D'être au maximum de l'intelligence qui est en soi. Lorsqu'on suit la pente des autres, on trahit automatiquement la nôtre. Jusqu'à la dissoudre. La pensée de Husserl va servir de rampe de lancement à la pensée d'Edith. Mais jamais on ne pourra prétendre qu'Edith Stein ne fut qu'une élève, une disciple : elle comprend, pendant la rédaction de sa thèse, qu'un système philosophique, et même mathématique, (de même qu') une œuvre littéraire ou musicale, est directement connectée à la particularité inaliénable, à l'absolue individualité de chacun.

Personne ne peut continuer l'œuvre de personne. Personne n'est la suite de l'intelligence de personne. Aucune subtilité n'est l'héritière de la subtilité d'un maître. Rien ne se transmet : surtout pas le savoir. Ce qui se transmet, c'est : l'envie.

Edith dort mieux une fois les livres rendus à la bibliothèque. Chez elle, il n'y a plus rien : que des feuilles volantes sur lesquelles elle griffonne, selon son caprice, quelques remarques pas forcément importantes, mais qui lui apparaissent comme *vraies*. Il n'y a que la vérité qui la passionne.

Lorsqu'un homme, ou une femme, n'a pas encore pris la mesure de son génie, vivant dans l'ignorance de celui-ci, il, elle traverse une crise « existentielle ». Une crise existentielle est une expression compliquée qui signifie en réalité que, tant que nous ne savons pas qui nous sommes vraiment, nous nous faisons : du mal. La société, les gens, le monde extérieur, les modes, les traditions, les familles, les mœurs, les époques sont là pour : mettre la pression. La plupart des individus, intimidés, obéissent aux injonctions de ces organismes, groupes, rassemblements, états (arbitraires). Ils n'ont pas suffisamment confiance en eux pour se soustraire au mouvement de masse qui les ramène aux réflexes admis, aux habitudes recommandées, aux événements établis, aux équilibres socioculturels aux apparences d'obligation et, vaincus par la lâcheté, la paresse, la veulerie, plus simplement l'indifférence, le réflexe et le conformisme, ils se coupent tout seuls de la possibilité de connaître leur éventuel : génie. Un génie est d'abord un génie de : lui-même.

Edith entre dans une paix intense. Elle sait qu'elle a la capacité de se distinguer de la masse : les années qui viennent, elle va les passer à scruter sa singularité, à ausculter sa subjectivité, à disséquer sa différence, à évaluer l'étendue de sa : différence.

EDITH :

Quel dommage que je n'aie pas compris ça plus tôt !

Il y a quelques semaines encore, elle écrivait à sa sœur Frieda que son plus grand souhait était de se faire renverser par une voiture en traversant la rue. Et la voici débarrassée de tout ce qui n'est pas : elle. Ça allège. Elle joue au tennis. Organise des tournois. Elle gagne parfois. Elle commence à prendre une habitude : la marche en forêt.

Il n'est pas rare que les philosophes pratiquent cet exercice. Kant a effectué chaque jour le même inlassable identique sempiternel trajet. Martin Heidegger a passé des heures à arpenter les sentiers de la Forêt-Noire. Un jour, un livre sera publié, peut-être, qui s'intitulera : *Philosophie et forêt*, ou *Dasein et conifères*.

Lorsqu'elle marche pendant des heures au milieu des sapins, des rochers, des ruisseaux et des bruits de bêtes, Edith a dans sa poche *L'Ethique* de Spinoza. Elle ne le consulte pas. Elle aime bien le savoir : là. Ça stimule son intelligence. Ça rassure son génie neuf : les génies sont toujours un peu impressionnés, au début, par les premières manifestations de leur génie. Ils s'étonnent de la liberté avec laquelle ils accueillent sa légitimité.

L'univers d'un génie entre, tôt ou tard, en concurrence avec l'univers réel, si bien qu'au bout d'un certain temps, aucun des deux n'apparaît plus licite que l'autre. Il y a compétition entre le *Guernica* de Picasso et celui de la réalité. Aucun n'est plus « vrai » que l'autre. La réalité se compose de la vérité des génies et de la vérité de la vérité.

EDITH :
Ma soif de vérité est ma seule prière.

Sa religion était singulière.

15

> Sois devant chaque regard ce que tu es. Il faut être dans le regard de tous ce que l'on est dans le regard de Dieu.
>
> EDITH STEIN

Mais qu'est-ce qu'Edith est en train de faire ? Ah : elle classe des archives dans la bibliothèque de Husserl. Il est là, d'ailleurs : oui, là, c'est lui (chauve à lunettes, barbiche et col droit, pipe plantée dans la bouche). Husserl *prépare son cours*. Il note tout sur des bouts de papier ; puis il perd ces bouts de papier.

— Monsieur, franchement (dit Edith), essayez de numéroter vos pages : vos leçons sur la conscience intime du temps sont un cauchemar à trier... On dirait que ça vous intéresse pas, de publier...

— Publier, c'est vain. Moi, je *prépare mon cours*. C'est la seule chose qui m'intéresse. La philosophie, ça s'enseigne, ça s'imprime pas. Et puis, si jamais je suis Socrate, vous serez mon Platon dévoué.

— Platon avait pas de paperasses à mettre en ordre. Il était ni secrétaire ni bonne à tout faire.

— Il fallait qu'il trie dans sa mémoire, c'était encore plus périlleux...

— Mais moins fastidieux !

Husserl est pris d'un agacement violent. Il est caractériel. Il balance une liasse de notes à travers la pièce.

— Bon, allez ! Brûlez-moi tout ça ! C'est nul !

Edith est découragée.

— Oh non ! Vous allez pas recommencer vos gamineries ! Vous savez très bien que jamais je brûlerai une seule de vos notes...

— Eh bien vous avez tort ! Je vous pensais plus intelligente que moi : je me suis trompé !

Edith ramasse les notes éparpillées.

— Vous êtes insupportable ! Depuis un an

que je fais ce boulot, j'ai pas l'impression d'avoir avancé tellement il reste à faire...

— Un an déjà ?

— Monsieur, pour un spécialiste de la conscience intime du temps, je trouve que vous avez pas beaucoup la conscience du temps tout court...

Husserl a la pensée qui défile : Edith prend des notes... Comprend en direct ce que des générations d'étudiants, jusqu'en 2008 : comprendraient jamais vraiment. (Même en passant sur chaque paragraphe du maître de Göttingen des centaines de milliers d'heures.) Parfois, elle comprend même mieux que Husserl les fulgurances de Husserl. C'est un génie qui recueille du génie.

Ça peut donc pas se dérouler : passivement. Quand un génie prend des notes sous la dictée d'un autre génie, le résultat (génial) est une œuvre commune. C'est grâce au travail d'Edith Husserl, ou d'Edmund Stein (au choix) que pourra paraître le livre (signé Edmund Husserl) sur la « conscience du temps ».

La meilleure amie d'Edith est alors (une certaine) Hedwig Conrad-Martius. Elle est surdouée aussi : mais moins. Elle habite à Bergzabern. On y cultive des choses. Des choses à épis, etc. Edith va se reposer souvent là-bas, entre deux phases dépressives. Elle écosse des petits pois.

— T'en fais pas, Edith, ça va aller...

— Je sais plus où j'en suis, je te jure... Je trouve pas de poste à la fac.

— Normal : moi non plus. On est des femmes...

— C'est déprimant.

— Quand j'étais petite, je me souviens, dans mes rêves, je voyais toujours devant moi un avenir éblouissant... J'avais la conviction que j'étais appelée à faire de grandes choses...

— Mais il est jamais trop tard... Tu as toujours été la plus douée à la fac.

— Je te parle pas de ça : des diplômes, de la fac... Des examens... De l'enseignement... Je rêvais d'autre chose, de vraiment grand... Je rêvais de bonheur et de célébrité... De choses beaucoup plus grandes que de la petite-bourgeoise de Breslau... J'ai jamais parlé de mes rêves, à personne. Ni de mes angoisses. Ma mère disait seulement qu'elle me trouvait rêveuse... Tout ça c'est devenu quoi Hedwig, hein, tous ces rêves de gamine ?

— Financièrement comment tu fais ?

— Je donne des cours particuliers à des ânes bâtés. J'en peux plus...

— Et... Ta vie sentimentale ?... Amoureuse ?

Edith ferme aussitôt le réceptacle d'Edith :

— Je préfère pas parler de ça.

— En tout cas, tu restes le temps que tu veux, ici...

La Grâce, quant à elle, est toujours à l'œuvre (dans la cage thoracique d'Edith, dans le pancréas d'Edith, le foie d'Edith, etc.). Dieu n'est : plus très loin. Dedans Edith, il se planque de moins en moins.

> EDITH :
> Ce que nous connaissons de nous-même est que la surface. La profondeur nous reste en grande partie cachée.

En 1921, Edith emprunte à Anna Reinach la : *Vie de sainte Thérèse d'Avila.* Elle commence à parcourir quelques lignes... Par un hasard qui n'est plus complètement un hasard : car lorsque Dieu n'est plus très loin, là aux aguets dans les veines et vésicules et aortes, le hasard change de prénom. En une nuit, elle lit l'intégralité des Mémoires de la sainte.

« Il n'y a pas d'âme ; eût-elle la taille d'un géant dans cette voie spirituelle, qui ne doive devenir très souvent à l'état d'enfant, et sucer comme lui à mamelle. Qu'on n'oublie jamais ce point. Peut-être je le répéterai encore bien des fois, tellement il est important, car il n'est pas d'oraison si élevée, qu'il ne faille souvent revenir au commencement. » (Sainte Thérèse d'Avila.)

Les écrits des saints sont, pour les « cérébraux » et les « intellectuels », les philosophes et les profs, la manière la plus rapide, la plus efficace, de déclencher des vocations.

La réflexion précède chez Edith Stein la génuflexion... Le cerveau bat comme un cœur. Ce sont les neurones qui, allumés un à un comme des cierges, approchent la Grâce comme d'autres du bout des doigts la frôlent.

Il y a une Grâce livresque qui fait concurrence, avec une légitimité égale et parfaite, à la Grâce épidermique.

Ce sont les idées qui, chez Edith, mènent : au Seigneur : c'est dans l'unisson des concepts que la foi se fraie le nécessaire passage jusqu' : au ciel. Quant au ciel, il n'est pas dans les nuages : c'est la capitale des idées neuves.

C'est là, à ce point extrêmement précis qu'Edith ouvre une brèche. Qu'elle opère une révolution copernicienne absolue par rapport à son judaïsme initial (celui de son enfance, de son milieu, des « siens »).

C'est là que s'opère une sorte de transgression.

C'est là qu'on pourrait voir une scission (ce n'en est une qu'en apparence, car Edith – on va le voir – montera plus tard d'un degré de révolution, d'un degré de transgression).

A cet instant précis, après des années d'athéisme, à cet instant précis où elle utilise tous les moyens possibles de son intelligence prodigieuse, Edith cesse *momentanément* d'être : juive.

Dis-moi qui tu aimes, je te dirai qui tu es.

16

> Nous n'avons pas à juger, nous devons faire confiance à la miséricorde insondable de Dieu.
>
> EDITH STEIN

— Ah oui au fait, dit Husserl, y a un télégramme pour vous. Il est arrivé ce matin.

Edith s'en saisit, le lit, blêmit. Son ami Adolf Reinach a été tué au front, dans les Flandres.

— Il m'avait, continue Husserl (glacial par pudeur, jouant les durs à cuire), rendu jadis un excellent devoir sur les fondements de la logique mathématique. Il a été mon meilleur bras droit. Après vous, bien entendu ! Un de vos amis, je crois ? Je vous donne un congé de trois jours pour absorber le choc et vous rendre chez sa femme.

— Merci monsieur.

Avant de mourir, car il se doutait bien que la mort serait la seule héroïne de la guerre, Adolf Reinach avait anticipé la chose et, en même temps que sa femme Anna, s'était fait : baptiser. Edith est choquée par cette mort : entamée par cette mort. Elle est mortifiée par cette mort, oui : la mort est mortelle. Ce n'est pas qu'un frémissement de vie en moins, que quelques heures de bonheur prélevées d'une réserve infinie de chagrin : la mort c'est la mort, c'est quelque chose de tautologique. La mort, c'est bien cette chose qui ne rigole jamais et qui t'empêche, jusqu'à la fin des temps et des temps et des temps, d'écouter une seule note de Miles Davis.

Anna Reinach aimerait bien que la mort serve à autre chose qu'à être : mort : qu'elle relève d'une présence différente au monde, d'un nouveau rapport à toutes choses. C'est une interrogation, encore : mais c'est toujours mieux que la rampance des vers de terre qui, abrutis, se régalent de tout ce qui contient de l'ADN. Anna demande un service à Edith : aide-moi, s'il te plaît, à classer les dossiers, les cours, les travaux (philosophiques) d'Adolf. Edith accepte et est certaine d'une chose : c'est que l'Anna qu'elle trouvera tombera en larmes à ses pieds, qu'elle sera tordue par le chagrin, déchiquetée par le destin, qui est un : enculé. Elle sait, elle pense qu'elle retrouvera une Anna presque déjà toute morte, ensevelie à demi, fatiguée fourbue par dix mille prières à l'heure, et étendue sur un lit, toute blanche.

(Edith frappe à la porte de chez Anna.) Ce n'est pas complètement ça : Anna n'est pas brisée par le chagrin. (Elle accueille Edith avec un sourire enfantin.) Elle souffre, oui, Anna est malheureuse, son Adolf n'est plus que définitivement herbe, un guerrier mort, un corps biologique qui n'est plus aux côtés de la femme qu'il aimait, c'est vrai, on ne peut plus ni lui serrer la main, ni l'entendre rire, ni se plaindre de ses blagues (rarement drôles), ni même tendre l'oreille pour entendre, sur sa joue prune, le crissement mâle et cinématographique (cf. Scorsese) de la lame de rasoir. Elle souffre Anna, mais : pas tant qu'Edith aurait cru. C'est une souffrance « unplugged ». Quelque chose : d'acoustique, un live à la maison. C'est étrange : c'est une souffrance qui ne souffre pas.

EDITH :

Ç'a été ça, ma première rencontre avec la Croix : cette force divine qu'elle donne à ceux qui la portent. C'est la première fois que l'Eglise, née de la passion du Christ et victorieuse de la mort, m'apparut de façon visible. C'est là, à cet instant précis, que mon incrédulité a cédé, que mon judaïsme a pâli à mes yeux, et que le soleil du Christ a commencé de se lever dans mon cœur.

Edith ne montre rien à ses amis : elle est, vue de l'extérieur, un bloc d'athéisme buté. La lumière dans un cœur, ça se remarque pas du jour au lendemain. Il faut que ça ait le temps de venir irradier le visage. Pendant quatre ans, la Grâce va s'infiltrer dans les veines et les artères et les pores d'Edith, sans jamais se lasser de l'innerver : une Grâce têtue, moléculaire, insidieuse, qui chemine dans : le corps. Un bourgeon de Grâce qui attend son printemps d'heure. Un mouvement de Grâce à l'étude dans un organisme humain : on pourrait le suivre à la trace, en lui plaçant sur la tête, sur sa tête moléculaire, un produit fluo, en faire un marqueur, mystique et radioactif, voir se déplacer la Grâce, dans l'aorte d'abord, dans les genoux, pour prier, dans les mains, forcément jointes, et la montée de la Grâce atomique, au cerveau d' : Edith. Quatre ans de biologie et de cheminements, d'hésitations dans les veinules, dans les vésicules, des moments de doute et d'infarctus, des crises, des démangeaisons, des évanouissements. Mais les mouvements browniens du microscope laissent place aux pulsations enregistrées par le stéthoscope : et c'est, quatre ans plus tard, la Grâce la vraie, qui fait vibrer : Edith Stein.

Dire autant de choses que si l'on faisait ses adieux, et les dire aussi bien que si l'on faisait ses débuts.

17

> Dieu n'impose d'épreuves à personne sans donner en retour la force nécessaire pour les endurer.
>
> EDITH STEIN

Les chrétiens se réclament de la Bible. Les juifs se réclament de la Bible. Les musulmans se réclament de la Bible. Pour les juifs, la Bible est le livre révélé par Dieu. C'est le livre qui contient toutes les vérités et toutes les croyances que les juifs professent en tant que descendants d'Abraham. La question revient à se demander : ce qu'a été Dieu pour Abraham. Comment Abraham a : considéré lui-même Dieu.

Le père d'Abraham fabriquait des idoles. Ça

explique l'idolâtrie d'Abraham. Pour cette raison, Abraham est recherché par Nemrod. Il s'enfuit et se cache dans une grotte. Il y médite : il n'a d'ailleurs que ça à faire. Lorsqu'il sort de la grotte, il regarde le soleil en face : « Voilà Dieu... Mais, à la nuit tombée, le soleil disparaît : c'est donc la lune, Dieu. » Au matin, la lune disparaît à son tour. Abraham en tire la conclusion que ni l'un ni l'autre ne sauraient être Dieu.

L'humanité doit à Abraham cette première vérité (c'est ce point précis que la Bible martèle de la première à la dernière ligne) : Dieu ne peut être représenté sous aucune forme. Corporelle, ou autre. Céleste, ou autre.

Dieu est donc : pur esprit. Tel est le « $E = mc^2$ » d'Abraham. Sa grande découverte. Son coup de génie... *Décalogue* : « Tu ne représenteras Dieu sous aucune forme corporelle ni au moyen de ce qui est au ciel, ni au moyen de ce qui est sur terre, ni au moyen de ce qui est dans l'eau. »

Dieu est : pur esprit.

L'essence de Dieu ne peut être appréhendée par le moyen de l'intelligence. Dieu est *tout* autre. Dieu n'appartient pas aux mêmes « catégories » que celles de l'esprit humain. De l'entendement humain.

Il n'y a pas de connaissance positive de Dieu par l'intelligence.

Or, Edith, dans un premier mouvement, très scolaire, commence par « penser » Dieu comme un sujet d'agrégation. Elle révise Dieu. Elle annote Dieu. Elle stabilobosse Dieu. Elle couche Dieu sur des fiches bristol. Elle veut qu'on lui pose des colles sur Dieu. Pour elle, Dieu n'est pas une énigme : c'est une interro.

Je possède des propriétés aux environs de la vie.

18

> Je prends ce qui vient, et demande seulement que me soient donnés les forces nécessaires pour tout mener à bien.
>
> EDITH STEIN

(Heureusement pour Edith, et heureusement pour son incarnation d'une « synthèse » possible entre les deux religions) Abraham a fait une *deuxième* découverte : l'homme est capable de connaître au minimum deux attributs de Dieu : la justice et la charité.

On peut même écrire (c'est la deuxième invention géniale d'Abraham) : justice + charité = Dieu.

Car (« en réalité ») justice et charité ne sont

pas que des attributs divins : ils sont : Dieu. Ils définissent Dieu de la même manière que deux points en géométrie suffisent à définir une droite. Le seul accès qu'on puisse avoir, dans le judaïsme, à Dieu, c'est par l'intermédiaire, non de la réflexion intellectuelle, mais de la justice et de la charité. Les juifs, en « pratiquant » la justice et la charité, *actualisent* Dieu sur la terre. Ils le rendent : *présent.* Le judaïsme est un monothéisme éthique : la morale est partie intégrante du judaïsme. Le judaïsme n'est pas la religion d'une morale : mais de la morale.

Les chrétiens ont le culte de Jésus : les juifs ont le culte de la morale. Edith va, bientôt, faire se rejoindre incroyablement les deux. La valeur suprême du judaïsme, ce n'est pas : le corps du Christ, c'est : la morale. La morale est le but ultime de tous les efforts des juifs. Dieu, pour les chrétiens, c'est : le Dieu de Jésus. C'est le Père de son Fils. Dieu, pour les juifs, n'est pas seulement : le Dieu d'Israël. Dieu, pour les chrétiens, est : le Dieu des chrétiens, défini sur mesure pour et par, par et pour les chrétiens. Dieu, pour les juifs, n'est pas : le Dieu des juifs : il est : le Dieu adoré par les juifs : il est : le Dieu adoré par Israël.

Dieu, pour les juifs, n'est pas : le Dieu des juifs. Il est : le Dieu adoré *d'une certaine manière*, et cette manière est la manière d' : Abraham. Si, chez les juifs, Abraham est le préféré de Dieu, c'est parce qu'Abraham est celui qui (c'est dans la Torah) enseignera le chemin de Dieu (Dieu n'est pas fou, il sait ce qu'il fait, il sait très bien où se trouvent ses intérêts).

Dans la Bible est écrit : « Et il enseignera à ses enfants et à toute sa maison après lui le chemin de Dieu qui consiste à pratiquer le bien et la justice, la charité et la bonté et l'équité. » On sait par conséquent quel est ce chemin de Dieu...

La vie religieuse, dans le judaïsme, ne consiste pas à approfondir, à la manière (provisoire) scolaire, universitaire d'Edith, la nature de Dieu telle que Dieu est en lui-même sa pure transcendance : mais à actualiser cette volonté de Dieu, la pensée de Dieu, et : de rendre Dieu présent à ce monde en pratiquant : la justice et : la charité sur terre.

Pour les juifs, il n'y a pas d'un côté la cause de Dieu et de l'autre la cause de l'homme : la cause de l'homme se confond avec la cause de Dieu. On ne peut pas aller vers : Dieu si on ne *commence* pas par aller vers : son prochain. Alors qu'Edith, très peu juive (d'abord) en cela : veut Dieu tout de suite. Immédiatement. Dieu d'abord, le prochain : on verra plus tard. Mais Dieu : d'abord. Dieu tout de suite. *Hic et nunc.* Dieu : ou : rien.

J'étais peut-être un peu bizarre déjà, avant cet événement, sans m'en rendre compte.

19

> Dieu est la vérité. Qui cherche la vérité cherche Dieu, que ce soit clair ou non pour lui.
>
> EDITH STEIN

Edith pense au ciel, elle intellectualise le « paradis »... Vous imaginez ce que ça doit être, le paradis vu par Edith Stein !... C'est pas le paradis de tout le monde... Je veux dire : c'est pas un paradis dont la conception est à la portée du premier venu ! Le « ciel » d'Edith (qui n'est pas tant une mystique du Ciel qu'une mystique de la Croix), c'est l'ensemble des réflexions inédites (à une date *t*) dans l'humanité. C'est la somme des idées encore : non eues. Pas des idées passives qui, à l'état latent, attendent platoniquement qu'on les dépucelle : le ciel est la capitale des possibilités (des combinaisons dynamiques qui, par étincelles successives de génie humain, donneront naissance à des idées qui n'ont aucune raison, ni même aucune chance, de voir le jour).

(Sauf si un organisme biologique humain, suffisamment culotté, vicieux, raffiné, pervers, *unique*, entêté, décide de penser dans une *direction* selon laquelle habituellement on ne pense pas. Cette direction seule indique le « ciel ».)

EDITH :

Quand j'ai fermé ce livre, je me suis dit : c'est la vérité.

Picasso : « Je ne cherche pas je trouve. » Edith l'a-t-elle cherchée, la vérité ? Oui : par la philosophie. Mais c'est par la théologie qu'elle l'a trouvée.

Excessive à mort (et la sainteté, c'est d'abord ça : de l'excès), dès le lendemain, Edith sprinte jusqu'au centre-ville (imaginons-la avec des baskets) pour acheter un catéchisme romain et un missel.

Et puis : elle court dans l'autre sens (à la même vitesse qu'à l'aller, selon des études récentes) : et elle travaille, souligne, surligne, dissèque, prend des notes, met des points d'interrogation dans la marge. Ici : un point d'exclamation ! Et là ? Là, trois points de suspension...

Une fois prête (pour elle tout est examen, tout est interro orale ou écrite, tout est scolaire, tout est universitaire), elle se rend à Bergsabern pour assister à : la messe.

Le prêtre (qui est très âgé) monte à l'autel :

— Pilate regarda notre Seigneur Jésus. Alors il en fut tout à fait sûr : notre Seigneur Jésus avait rien fait de mal. Mais Pilate dit pas : « Il faut libérer cet homme... » Il osait pas. Il avait peur des prêtres puissants et de la grande foule. Pilate pensa : « Je m'y prendrai autrement. Je vais m'arranger pour que ce Jésus soit libéré, sans que les gens soient fâchés contre moi. » Alors il envoya quelques soldats à la prison...

Edith est dans la situation de quelqu'un qui, après avoir emmagasiné, assimilé, bachoté toute la théorie du jeu d'échecs, s'apprête à assister au déroulement d'une partie pour la première fois et pénètre dans un Cercle.

On peut déduire la théorie de l'observation, qui est déjà une forme première de pratique. Ou bien (c'est la méthode d'Edith) connaître *à fond* la théorie sans jamais avoir « vu en vrai » son ou ses applications.

Edith a des frissons pendant la messe... Pour une phénoménologue, voir que la réalité (même s'il s'agit de la réalité d'une cérémonie, c'est-à-dire d'une habitude, d'une coutume, d'une liturgie, d'une réalité prévisible, « scientifique », ordonnée) est lisible grâce à, par, la : théorie. Conforme à. La réalité se comporte (enfin ?) comme dans ce qu'Edith a lu ! La cérémonie est *lisible. Compréhensible.* Son mystère, toujours intact, ne réside plus dans son exotisme, dans son étrangeté. Il y a déplacement de mystère.

> EDITH :
> Je suivis jusqu'au moindre détail la célébration.

Après la messe, Edith se rend au presbytère (son cœur, je crois, bat).

— Bonjour mon père.

— Bonjour ma fille. Je confesse pas, aujourd'hui. Je suis désolé...

— Il faut que je vous parle.

— Bon... Je vous écoute. Mais oubliez pas que c'est le Seigneur qui vous entendra.

— Je voudrais que vous me baptisiez.

— Quoi ?

— Je voudrais que vous me baptisiez.

— Mais quand ?

— Là. Maintenant.

Le prêtre est « estomaqué » (c'est bien comme ça qu'on dit ?).

— Mais c'est que... Ça se fait pas comme ça... Faut une préparation... On rentre pas dans la Sainte Eglise comme dans un moulin... Sur une impulsion... Un coup de tête...

— C'est un coup de cœur.

— Une impulsion, c'est un caprice.

— Mon impulsion, c'est un caprice de Jésus.

— Calmons-nous, calmons-nous... Et d'abord : depuis combien de temps vous êtes dans la foi catholique ? Et par qui ?

— Je vous en prie, Révérend Père, faites-moi passer un « grand o ».

— Un quoi ?

— Un grand oral.

— Hein ?

— Interrogez-moi !

J'avais pas à tergiverser…

20

> Dans la vérité, la foi et la liberté sont une seule et même chose.
>
> EDITH STEIN

Edith doit annoncer à sa mère qu'elle s'est : convertie. Qu'elle est devenue : catholique. Il n'y a pas dans cette conversion, pour Edith, la moindre contradiction avec : sa judéité.

Elle sait que sa famille va lui en vouloir à jamais. Que sa mère peut : en mourir. On meurt souvent de vérité. Edith adore ce *contraste* (qui est tout sauf une opposition, tout sauf un paradoxe, tout sauf un oxymore) : être chrétienne : et juive.

Edith est chrétienne *parce que* juive. Et redevient juive *parce que* devenue chrétienne.

La foi chrétienne prend sa source chez les juifs : elle ne l'oubliera pas. Plutôt mourir. Que peut-on lui reprocher ?

Edith marche dans une rue. Elle est décidée. Après avoir marché dans cette rue, elle frappe à la porte de la maison. Elle se met à genoux devant sa mère. Sa mère a déjà compris, mais fait : comme si. Pour retenir à l'infini le : moment où. Maman, je suis devenue catholique. Ce sont des larmes. Immédiatement des larmes. Augusta Stein est touchée dans sa chair ; elle est en train de commencer sa mort. Sa fille l'aura un peu tuée. Elles ne se promèneront peut-être plus jamais dans les musées, à contempler des vies idéales. Elles risquent de se perdre de vue. De vivre chacune de leur côté, jusqu'aux ruines.

Des vieilles pierres peuplent les déserts du monde. Des troupeaux de bêtes paissent. Le soleil est un recommencement. On est triste quand l'amour change de propriétaire : le soleil s'abaisse dans les sables, le Christ est entre la vie et la vie, entre la mort et la mort, et voilà Edith révélée dans des extases, célestes, qui pour sa mère sont des morceaux de : nuit. On ne *quitte* pas le judaïsme, *jamais* : on ne démissionne pas de son sang, dans l'abolition/reniement du souvenir : *jamais* le Texte, *jamais* la Loi ne doit lasser, *jamais* les hommes ne peuvent s'ennuyer dans le judaïsme : religion tendre et pénible, mais sans austérité, religion chaude, religion faite dans la mémoire et par la mémoire, pour la mémoire, et mémoire des religions. C'est une large cicatrice au cœur qui se fraie dans le corps triste de Frau Stein : sa fille, si belle, intelligente, et si juive, va quitter la mémoire de son Peuple pour faire carrière dans l'oubli. On ne veut pas, chez les juifs, que des archanges viennent chanter dans les maisons, quand les maisons sont la proie des larmes, et quand les maisons sont : des murs.

Aucun mot ne sort de la bouche de Frau Stein. Edith aussi se met à pleurer. Sels parallèles. Mère et fille se pleurent dessus.

Pour pleurer encore (un peu), Edith décide de rester encore (un peu) à Breslau, auprès de sa mère qui pleure. Ensemble, elles se rendent à la : Synagogue. Edith n'a pas : « trahi ». Edith n'a rien : « renié ». Edith et sa mère jeûnent ensemble. Edith observe toutes les règles familiales, avec une *certaine joie*. Sans la moindre ironie (elle n'a plus besoin de l'ironie : *la foi est le contraire de l'ironie*).

— Ça consiste en quoi, vivre de la foi ? Hein, ma fille ?

— Ça consiste à garder la blessure ouverte. A pas la laisser se fermer... A pas la laisser cicatriser... Au fond la foi est une blessure...

— Quelle que soit la situation dans laquelle on se trouve ?

— Quelle que soit la situation et quels que soient les dénis de la Providence. Dieu, dans l'ordre des apparences, est terriblement absent du monde.

— Ton Dieu, ma chérie, excuse-moi, mais j'ai l'impression qu'il fait pas le poids ici-bas.

— Dieu fait *jamais* le poids ! Dieu fait pas dans la pesanteur. C'est un impondérable... La foi, c'est rester fidèle à cet impondérable, quelles que soient les trahisons, quels que soient les échecs... La foi, c'est rester fidèle quoi qu'il arrive...

— C'est facile à dire...

— Dieu est pas un état d'âme. Le drame,

c'est de confondre Dieu avec un état d'âme, une euphorie, une communion sentie...

— Moi, mon Dieu peut être ça...

— « Mon », « ton » : c'est ridicule... Dieu est une orientation...

— Mais les horreurs dans le monde ? La persécution de notre peuple ?

— Je suis d'accord : tant que nous vivons dans ce monde, eh bien cet amour, cet amour nous est donné que d'une manière, disons : relativement absente.

— C'est le moins qu'on puisse dire... Au moins, le Dieu des juifs, lui...

— Dieu nous est donné d'une manière voilée. Fragmentaire. C'est à travers la mort qu'on trouve Dieu.

— N'importe quoi ! Si ton père t'entendait !

— Il serait heureux pour moi. D'ailleurs, il m'entend.

— Tu n'as pas peur de la perdre, ta foi, avec le temps ?

— Ma foi peut s'altérer avec le temps... Mais c'est pas l'objet de la foi qui s'altère...

— C'est quoi ?

— C'est du côté du sujet que le Mal se produit...

— Y manquait plus que ça !

— On supprime pas la lumière : mais on peut fermer les yeux. La foi consiste pas à être exempt de doute... Elle consiste à remporter une victoire perpétuelle contre le doute... Le doute est le fondement de toute foi...

Cette chose nue, glissante, échappante.

21

> Qu'est-ce que la Croix ? Le signe de la plus profonde ignominie. Qui la touche est expulsé des rangs des hommes.
>
> EDITH STEIN

Peu à peu, Augusta Stein s'aperçoit que sa fille a changé, alors qu'habituellement un être humain ne change pas (mais vieillit, imperceptiblement, jusqu'à ce que la mort, sans se poser la moindre question, l'embarque dans un trou rectangulaire). Oui : sa fille va « mieux ».

Elles ont un point commun : elles adorent un Dieu, un seul. Ce n'est pas exactement le même : encore que. C'est en fait strictement :

le même. Qu'est-ce que Dieu ? Dieu, c'est une pratique, et son existence est la somme des prières qu'on exauce en : son Nom. C'est quand on s'adresse à lui qu'il s'invente, et son existence cesse aussitôt qu'on cesse, par bribes d'interpellations infiniment successives, de l'interpeller par-delà nos peurs, nos aveuglements, nos souffrances et l'addition abjecte de nos illusions.

Alors, mère et fille : peuvent bien prier ensemble. Pliant le : même genou. Avec des mains : pareillement jointes et des regards : mêmement levés. Seul diverge, par endroits, ce ciel partagé, parfois complémentaire, où la paix se trouve, mais où le monde qui se regarde retrouve, inlassablement, sa tête de vieillard et de rustre, sa monstrueuse gueule polluée, guerrière, assassine saturée de radineries, mesquineries, pitreries et toutes ces choses se terminant en « ies » qui ne sont pas à l'honneur de : l'espèce humaine.

La mère d'Edith comprend que sa fille n'est pas devenue : folle. Que ce n'est pas une : hystérique... Qu'elle n'habite pas plus les obscurités qu'elle ne fréquente les hallucinations.

A la Synagogue, le rabbin dit : « Ecoute O Israël, ton Dieu est unique. » La mère et la fille se tournent l'une vers l'autre ; elles se sourient. Madame Stein prend sa fille par le bras :

— Tu entends, Edith ? *Notre Dieu est unique.*

Nous percevons leurs moteurs tout près.

22

> Je sais que j'ai à mes côtés quelqu'un en qui je peux avoir confiance sans aucune réserve, et c'est une chose qui donne calme et force.
>
> EDITH STEIN

De retour à Fribourg, Edith quitte Husserl. Elle a obtenu un poste d'enseignante chez les Dominicaines, à Spire. Elle n'a qu'une seule ambition : faire don de soi au Christ. Se retirer du monde, pour le transformer. S'abstraire des choses, de leur grossièreté. Elle rêve de Carmel. Ce ne sera pas pour tout de suite. Les Carmels ne s'envolent pas : elle a le « temps ».

Pendant huit ans, Edith enseigne des choses compliquées et subtiles aux Dominicaines qui la trouvent prodigieuse d'intelligence. Elle se passionne pour saint : Thomas d'Aquin.

> EDITH :
> En lisant saint Thomas, j'ai compris une chose : qu'il était possible de mettre son bagage théorique au service de Dieu. C'est pour ça que j'ai réussi à me remettre à fond au travail. Je crois effet que plus on est attiré vers Dieu, plus on doit s'extraire de soi-même et aller vers le monde afin d'y apporter l'amour divin.

Si quelqu'un voulait bien se donner la peine d'écrire une thèse, un livre, un essai, un article étudiant le processus par lequel, à partir de Husserl, on finit chez saint Thomas, ce serait extraordinaire. Thomisme et phénoménologie. Beau sujet... Cette fois, Edith est en marche : vers Dieu. Elle aime Jésus de plus en plus. Que faire sans lui ? C'est comme son « mec ». Lorsqu'elle sirote une menthe à l'eau : ça lui évoque Jésus. Elle n'en parle à personne. Que faire de lui ? Elle se sent tellement inférieure à tout : recroquevillée, mais lumineuse, parfaitement belle, dans une humilité capitale. Se retrouver en tête à tête : avec lui.

Jésus, Jésus, Jésus... D'où sort-il ?

Husserl, saint Thomas, puis saint Jean de la Croix, et puis la Croix tout court. L'itinéraire d'Edith. Son chemin jusqu'au Carmel. Sa vie sous et par et avec et sur : la Croix.

> EDITH :
> La Croix n'est pas une fin en soi. Elle surgit et indique le chemin d'en haut.

Edith choisit, non pas la « petite voie » (déjà prise : par la « petite » Thérèse de Lisieux), mais sa voie propre, sa voie à elle, sa voie inédite (il faut toujours faire du hors piste sur le chemin de la Grâce) : *la voie du silence.*

Je ne crains rien au monde.

23

> La liberté humaine ne peut être ni contrainte ni éliminée par celle de Dieu, mais elle peut être en quelque sorte dépassée. La descente de la Grâce sur l'âme humaine est un libre don de l'amour divin, et il n'y a aucune limite à son extension.
>
> EDITH STEIN

Edith marche dans la neige et sur sa robe. De mariée. C'est aujourd'hui qu'elle l'épouse. Elle ne s'apprête pas à épouser n'importe qui. Pas Günter, ni Klaus, ni Manfred, ni Wilfrid. Edith a visé plus haut : elle épouse : le Christ Elle se marie à : Jésus. Sa robe est extrêmement blanche (avec des reflets roses). Pour tous les hommes qui auraient bien passé leur vie avec Edith, c'est une humiliation : pour eux, là voilà enchevêtrée dans des lumières sans commencement ni fin : une absurdité. Un homme qui n'a pas existé, et n'existera jamais, leur subtilise Edith. A tout jamais.

Edith, qui vient de passer des années et des années à donner des conférences dans toute l'Allemagne sur le droit des femmes, va s'unir à un homme qui a eu des mains clouées sur un morceau de bois. Dont la plupart des mains ont été clouées à un morceau de chêne. Ce fut quelqu'un de crucifié, et Edith, son genre d'hommes, ce n'est pas compliqué : ce sont les crucifiés. Si tu n'as pas (d'abord, en premier lieu, avant toute chose) la particularité d'être, d'avoir été, crucifié, oublie : c'est mort. Edith ne te regardera même pas. Tu n'es pas son genre. Pas la peine de tenter ta chance. Il lui faut de la Croix, du corps en Croix.

Ce n'est pas tout : il faut que tu sois capable de dire des choses qui sont, non seulement vraies, mais qui sont : la vérité. Il faut, en plus, que tu sois : le Fils de Dieu. J'avoue que ça fait beaucoup de conditions : mais si ces critères ne sont pas remplis, je te conseille d'aller voir ailleurs, Edith ne sera pas ta femme . Edith ne sera jamais : tienne.

Le Christ, contrairement à la plupart des hommes, a tout compris aux femmes. Il ne promet jamais rien ; il leur laisse faire tous les efforts ; il a compris leur masochisme profond. Les femmes savent que le mysticisme n'est jamais très éloigné du sexe, que de l'extase eucharistique à l'orgasme humain, il n'y a qu'un pas sur l'eau.

Etre masochiste avec un supplicié a quelque chose de particulièrement compliqué qui plaît aux meufs : lécher des plaies, c'est le programme des mystiques qui, comme tous les obsédés, ont d'abord remplacé le sexe par autre chose, puis ont fini par transformer toutes les choses en quelque chose de : sexuel. Ne croyez jamais qu'une servante de Dieu, carmélite ou nonne, sainte ou bienheureuse, prieure ou novice, est un être asexué : c'est : tout le contraire.

Epouser le Christ, c'est répandre de la chair sur le monde entier, donner un sexe au monde, faire de l'univers un corps humain qui sait souffrir, aimer : jouir. Dans les plaies qu'on panse, il y a la fraîcheur du bienfait, la lacération SM des Carmels du XIXe siècle la soumission à l'autre et le contrat tacite des deux parties qui, s'offensant réciproquement, s'humilient humblement.

Ce n'est pas n'importe qui qui épouse Jésus : c'est une : juive. Une juive qui croit à ce Messie précis, ce n'est déjà pas le lot commun des juives. Mais une juive qui se marie : avec !

Edith avait choisi comme jour de son baptême (1er janvier 1922) la fête de la Circoncision de Jésus. En effet, Jésus a subi une posthectomie. On a enlevé le prépuce de sa verge. Le prépuce de Jésus était un repli de peau qui recouvrait et protégeait le gland de Jésus. L'absence de posthectomie, chez Jésus, aurait pu exposer Jésus à des difficultés urinaires et sexuelles, à des infections et des inflammations de la peau du prépuce, du gland et du méat urétral. Jésus, s'il n'avait subi cette petite intervention, aurait pu notamment s'exposer à un risque de paraphimosis correspondant à un étranglement du gland par l'anneau préputial par impossibilité pour lui de recalotter. Edith avait choisi comme jour de sa confirmation (2 février 1922) le jour de la présentation de Jésus au Temple.

Est-ce vraiment une « conversion » ? Ne serait-ce pas, plutôt, la « rencontre » d'une juive athée avec Jésus, ce même Jésus qui lui redonnera la curiosité du judaïsme ? Edith Stein, en devenant, chrétienne va enfin pouvoir : aimer Israël.

C'est une énorme révolution qui s'opère. A première vue, rien de très spectaculaire : le beauf hilare bouffeur de chips verra dans cette histoire, pour peu qu'il s'y intéresse (on ne sait jamais), une pauvre petite intello paumée qui, mal dans sa peau, s'enferme dans la « religion » chrétienne pour fuir le monde et ses problèmes.

Quand on regarde la scène au microscope : c'est une révolution. C'est un acte fondamental du XXe siècle. C'est une date fondatrice de l'histoire des chrétiens et des juifs. Edith, née Stein, juive, vouant sa vie au Christ, devient un bouclier humain contre les assauts de l'antijudaïsme des chrétiens de l'époque. Elle fait paratonnerre et détourne la haine de l'Eglise envers les juifs vers d'autres univers, à des milliers d'années-lumière de là... (Elle essaye.)

Des coups de cloche la réveillèrent ,
on sortait des vêpres

24

Ce que signifie « être admis devant Dieu pour l'éternité » ne peut être exprimé par des mots.

EDITH STEIN

Nous sommes au Carmel de Cologne. Edith vient d'arriver : elle a : 42 ans.

EDITH :

La décision d'entrer au Carmel était si grave, si lourde de conséquences, qu'il n'était en pouvoir de personne de m'indiquer avec certitude quel chemin prendre. J'ai dû franchir le pas seule et totalement plongée dans la nuit de la foi.

Augusta avait demandé à sa fille :

— Que vas-tu faire près des sœurs de Cologne ?

— Partager leur vie.

Frau Stein avait eu un mouvement de recul. Le désespoir s'était lu (assez facilement) sur son visage. Elle avait continué de tricoter mais avait laissé échapper une partie des mailles de son ouvrage. Elle avait essayé de les rattraper. Sa main : tremblait. Edith avait tenté de l'aider.

> EDITH :
>
> J'ai senti un abîme se creuser entre nous... De ce jour, la paix disparut. De temps en temps, maman faisait une scène violente, aussitôt suivie d'une crise de désespoir silencieux.

On ne peut pas entrer, entrons quand même : vous entendez ce bruit ? On nous apprend que les Carmels sont silencieux ? Quoi de plus bruyant sur terre qu'un Carmel ? C'est l'heure de la récré. Les sœurs jouent de la guitare, dansent, se lancent des vacheries... Edith marche sur les mains. Elle s'appelle désormais : sœur Thérèse Bénédicte de la Croix.

Elle prie. Elle est au réfectoire. Elle lit. Elle étudie. Elle se promène dans le jardin. Elle aime le potager. Elle nettoie les escaliers. Elle recoud des choses.

La nuit descend dans sa cellule. Elle étudie. Elle prit. Elle lit. C'est l'heure de la messe. C'est l'heure du réfectoire. Elle dort. Elle se réveille pour prier. Statue de la Vierge. Elle prie. Le prêtre tend une hostie à Edith (derrière la grille). Repas. Petit déjeuner : debout. Dans un silence : total. Café. Lait. Pain. Confiture. Et fromage. Edith lave sa vaisselle. Elle prie. Sœurs silencieuses qui se croisent dans les couloirs. Dans les escaliers. Edith tape à la machine. Elle effectue des travaux de comptabilité. Elle confectionne des poupées.

Elle écrit. Elle lit. Elle prie. Elle tond le gazon. Elle fait du jardinage. Elle fait de la reliure. Elle prie. Elle lit. Elle étudie. Elle se met à genoux. Elle ne dit rien. Elle n'en pense pas moins. Elle fait de la céramique. Elle prie. Elle fait le ménage. Les couloirs. Les escaliers. Elle coupe des branches. Elle fabrique des hosties. Le mode de cuisson ne tolère pas l'à-peu-près.

L'angélus sonne dans le cloître. Chaque sœur, agenouillée là où elle se trouve, récite la prière avant de se rendre au réfectoire. Edith chante. Elle prie. Elle lit. Six heures par jour sont consacrées à la prière, dont deux heures à la prière : silencieuse et : solitaire.

EDITH :

Ceux qui ont donné leur vie à Dieu ne peuvent avoir d'intimité qu'avec lui.

Edith fait tourner le monde autour d' : elle. Les carmélites ne sont pas des planquées. Elles ne fuient pas le monde. Elles l'affrontent avec la violence nécessaire à leur art : et leur art est de : prier.

EDITH :

La prière est la plus haute tâche dont soit chargé l'esprit humain.

Elles assument, presque à elles seules, sur cette terre, le silence que sont incapables d'observer les hommes. Elles endossent toute la charge de recueillement. Sans elles, le monde ne serait que : bruit. Ce ne sont pas elles qui sont retranchées du monde : ce sont elles qui retranchent au monde la part de silence qui fait contrepoids avec sa part de : bruit. Aucun métier n'est plus difficile qu'attirer sur soi les vacarmes pour les assourdir.

> EDITH :
> Dans la période intermédiaire avant et un peu après ma conversion, je pensais que mener une vie religieuse signifiait abandonner toutes les choses terrestres pour vivre seulement dans la pensée des choses divines. Peu à peu j'ai appris à comprendre qu'au contraire quelque chose d'autre nous est demandé en ce monde et que même dans la vie la plus contemplative les liens avec le monde ne doivent pas être tranchés.

L'esprit est l'outil des penseurs ;
l'âme est leur flambeau.

25

> Celui qui entre au Carmel n'est pas perdu pour les siens... Au contraire, il leur est gagné de manière spéciale, car c'est bien notre tâche de nous tenir devant Dieu pour tous.
>
> EDITH STEIN

1938 (Edith a : 47 ans). Salle des prières. Toutes les sœurs sont présentes je crois. Oui. Toutes. Edith, c'est elle, là, oui : celle qui se tient au milieu de la pièce (visage : détendu). En face d'elle : le prêtre qui va l'ordonner carmélite.

— Ma sœur, par le baptême, vous êtes déjà morte au péché et consacrée à Dieu... Voulez-vous par la profession perpétuelle rendre plus profonde cette consécration ?

— Oui, je le veux.

— Dans le silence et la solitude, la prière assidue et la pénitence joyeuse, le travail obscur et le service des autres, voulez-vous faire de Dieu votre unique souci ?

— Oui, je le veux.

— Sœurs bien-aimées, prions Dieu Notre Père, source de tout Bien. J'affirme en celle qu'il a choisie le projet de vie qu'il lui a inspirée dans son Amour. Mettons-nous à genoux.

Toute l'assemblée : s'agenouille. Un temps. Puis tout le monde : se lève de nouveau.

— La carmélite, reprend le prêtre, fait naître, elle fait renaître dans la nature humaine, dans une vie humaine, l'Absolu de Dieu. Par sa vocation une carmélite témoigne, par son style de vie, de la *priorité* de Dieu. Elle témoigne que Dieu est capable de combler une vie humaine.

Edith se dirige vers la Mère supérieure et : s'agenouille devant elle. Vœux perpétuels.

— Moi, sœur Thérèse Bénédicte de la Croix, je fais ma profession perpétuelle et promet à Dieu, Notre Seigneur, à la Bienheureuse Vierge Marie du mont Carmel et à vous

Notre Mère et à celles qui vous succéderont, obéissance, pauvreté et chasteté selon notre règle et nos déclarations en tant qu'affectée au service externe du Monastère jusqu'à la mort.

— Vous faites, répond la Prieure, désormais définitivement partie de notre famille de carmélites déchaussées. Désormais, vous avez tout en commun avec Tout.

Le Carmel est un lieu où l'on adore le mot : « désormais ».

— Accomplissez, dit le prêtre, fidèlement la mission que vous confie l'Eglise et que vous remplirez en son nom au sein de cette communauté.

Les carmélites (en chœur) :

— Amen.

Le prêtre (aux sœurs) :

— Témoignez de votre joie et de votre fraternité par le partage de la paix du Christ.

(Toutes) les carmélites s'embrassent.

— Le corps du Christ.

— Amen.

— Le corps du Christ.

— Amen.

— Le corps du Christ.

— Amen.

La mère d'Edith est morte deux ans plus tôt. Sa sœur Rosa a attendu cette mort pour recevoir à son tour (toujours la force de persuasion d'Edith) le baptême. 1938 : c'est l'année où Husserl meurt. *In extremis*, il s'est posé, dans un dernier souffle, la question de : la foi...

EDITH :

D'accord, il est bon d'aborder avec lui les problèmes de la foi, mais sa responsabilité s'en trouve accrue comme la mienne. Et je ne doute pas que la prière et le sacrifice ne soient d'un plus grand poids que tout ce que nous pourrions nous dire... Après chacune de nos rencontres, la pressante nécessité de l'holocauste personnel s'imposait à moi.

La nourriture est frugale, la couche est dure et les exercices spirituels sont abondants, mon enfant.

26

> L'esprit humain est propre à créer la culture, la comprendre et en jouir. Il ne peut pas s'épanouir totalement s'il n'entre pas en contact avec la diversité des domaines culturels, et un être humain particulier ne peut saisir ce à quoi il est appelé s'il n'apprend pas à connaître le domaine où se montre son don naturel.
>
> EDITH STEIN

1933. Des actes antisémites sont perpétrés « un peu partout » en Allemagne. Edith en prend conscience chez un de ses amis, un prof. C'est en gros titre dans les journaux. Edith est inquiète (mais pas pour elle : Edith – c'est son plus gros défaut, et c'est avec les gros défauts qu'on fabrique les grands saints – n'est : jamais : inquiète pour elle).

EDITH :

Comment ne serais-je pas soucieuse et ne tremblerais-je pas quand je sais que Hitler va bientôt se précipiter sur mes parents et moi-même ?

Elle n'est pas étonnée. Elle sentait monter les horreurs. Un pressentiment, comme disent les mécréants.

EDITH :

Ce soir-là, j'ai eu clairement le sentiment que la main du Seigneur s'abattait de toutes ses forces sur son Peuple et que la destinée du peuple juif se confondait avec ma propre destinée.

Edith écrit au pape (Pie XI) : elle lui demande de rédiger une encyclique condamnant l'antijudaïsme. Elle n'obtient : aucune réponse.

EDITH :

Je sais que ma lettre a été remise cachetée au Saint-Père. J'ai même obtenu peu de temps après sa bénédiction pour mes proches et pour moi. Rien d'autre ne s'en est suivi. Je me suis souvent demandé par la suite si cette lettre ne lui revenait pas quelquefois en mémoire.

Juive, en plus de ça : femme, Edith, très vite, ne peut plus enseigner : nulle part. Ce sont les nazis qui l'exigent. Et quand les nazis exigent quelque chose, on est généralement prompt : à leur donner une assez large satisfaction.

EDITH :
J'étais presque soulagée de partager ainsi le lot commun aux Juifs allemands.

L'antisémitisme est le mot qui signifie que quelqu'un : n'aime pas les juifs. Ce n'est pas un mot approprié, parce que les sémites englobent beaucoup plus que des juifs : notamment des arabes. L'antisémitisme est la forme de haine la plus subtile qu'aient inventée les sociétés humaines. L'antisémitisme est une haine de la différence, à l'égard d'un peuple dont la différence se voit moins que s'il était noir, nain, difforme. La différence des juifs existe, elle ne se voit pas. L'antisémitisme est un racisme élaboré : un racisme moins évident que le racisme des races. Ce n'est pas un racisme borné de peau, un racisme banal d'épiderme. C'est un racisme de culture, de langue et de religion. C'est un racisme d'Etre.

> EDITH :
>
> C'était la veille du premier vendredi du mois d'avril et, en cette année sainte 1933. Je parlais avec le Sauveur et lui dis que je savais que c'était sa Croix dont était maintenant chargé le peuple juif. La plupart ne le comprendraient pas ; mais ceux qui le comprendraient devaient la prendre sur eux de plein gré au nom de tous. Je voulais le faire, il devait seulement me montrer comment. Lorsque le temps de la prière toucha à sa fin, j'avais la certitude intérieure d'avoir été exaucée. Mais en quoi devait consister ce portement de Croix, je ne le savais pas encore.

A travers les complexités du monde, ses évolutions, ses accidents, ses variations, tous ses changements, les juifs ont joué le rôle d'une constante, au sens mathématique du terme. Ils sont ce qui : n'a pas varié. Ils sont ceux qui : n'ont pas plié. Ils sont restés ceux qui : n'avaient pas d'endroit. Pas de terre. Ils sont les : grands invariants dans l'histoire des siècles. On s'est raccroché à eux pour haïr. Ils ont été choisis comme étalon des haines génériques, comme repère haïssable. L'antisémitisme est une balise. Un confort dans les tourbillons des révolutions et des temps nouveaux.

Persécutés de toutes parts, depuis « toujours », les juifs ont acquis, au cours de leur histoire, une capacité hors norme à s'adapter. Quand on s'adapte à ce qui bouge, on a valeur de constante. Ça donne une impression paradoxale de fixité. Ce sont ceux qui n'ont pas su évoluer qui, par le jeu des référentiels et de leur relativité, donnent l'impression de s'être mus. Mus en arrière, à reculons.

L'antisémitisme est un racisme idéal, une haine pratique parce qu'elle se modernise avec la modernité, elle se complexifie avec la complexité. Elle dissimule chaque décennie un peu plus, chaque jour, sous le masque d'une subtilité plus grande son ancestrale et implacable brutalité. Tandis que la société connaît des mutations, la haine des juifs, se ramifie elle-même en d'infinies nuances, se stratifie en milliers de couches plus perverses les unes que les autres ayant pour principal but de disséquer la haine brute originelle en lamelles de détails techniques, étymologiques, scientifiques, ethnologiques, théologiques : mais un cadavre infiniment découpé reste un cadavre. Et le geste infiniment séquencé du bourreau aboutit *in fine* : au crime.

> EDITH :
>
> C'est l'ombre de la Croix qui s'étend sur mon peuple. Mais malheur à celui qui portera la main sur lui. Malheur à cette ville, à ce pays, à ces hommes sur qui pèsera la vengeance divine pour tous les outrages envers les juifs.

L'antisémitisme a gagné, gagne chaque jour, chaque heure, en : technicité. En : inventivité. En : imaginativité. En : créativité. En : scientificité. En : rationalité.

Quand on dit de l'antisémitisme qu'il « progresse », il ne faut pas l'entendre seulement au sens de : progression, mais de : progrès. Oui, comme la physique, la chimie, la robotique ou la médecine : l'antisémitisme a fait des : progrès. D'énormes progrès. Il a fini par gagner, lui l'irrationnel par essence, l'irrationnel par excellence, ses galons de : rationnel. Les intelligences successives, appliquées à des haines obscures, ont fini par fabriquer, par élaborer, des haines raffinées, des haines : sophistiquées.

Le nazisme a contribué de manière inédite et spectaculaire à cette rationalisation de l'irrationnel, à cette cartésianisation de l'absurde, à cette formalisation de la folie, à cette mathématisation de la furie. L'antisémitisme a recouvert d'intelligence ce qui n'en a pas.

Et soudain, tel un hurlement, un jour formidable a volé en éclats.

27

> J'ai toujours été fortement portée à penser que la miséricorde de Dieu s'engage aux frontières de l'Eglise visible.
>
> EDITH STEIN

Edith, entre 1933 et 1942, n'a de cesse que de lutter contre l'antisémitisme international, d'une part et l'antijudaïsme catholique, d'autre part. Au Carmel, elle initie ses sœurs aux racines du judaïsme et leur explique la damnation de son Peuple. Elle tente de les familiariser avec : le « mystère d'Israël ». Elle leur lit saint Paul, surtout : le célèbre passage de la « greffe ».

Paul, elle n'en parle pas au hasard : c'est lui,

le génie du christianisme. Edith le respecte : elle est impressionnée par les âmes théoriques. Saint Paul est le plus grand théoricien de tous les temps.

L'inventeur du christianisme : c'est lui. La « question juive » : c'est lui qui l'a posée le premier. Saint Paul est un génie parce qu'il est l'auteur d'un des plus grands tours de passe-passe de toute l'histoire de l'humanité.

Avant lui, avant sa théorie, avant son tour de passe-passe, quand on disait « Israël », on voulait dire « les juifs » : et quand on disait « les juifs », on disait « Israël ». Il y avait équivalence entre les deux dénominations. Pour Paul, c'est la venue du Christ qui a tout chamboulé : Israël est toujours bien l'élu, mais plus les juifs, car « les juifs », ça ne veut plus dire grand-chose par rapport à Dieu : être juif redevient possible à condition de reconnaître le messianisme de Jésus ! Avec ce système, un païen qui reconnaît le messianisme du Christ est plus juif qu'un juif ! Il devient juif : à la place du juif.

C'est un judaïsme new-look qui émerge, dont la particularité est de se substituer au judaïsme des juifs « d'avant » : pour être un vrai juif, pour Paul, il suffit de cesser de l'être ! Les juifs, ce sont les chrétiens ! Les juifs de l'ancienne conception, les juifs « ringards », les juifs qui ne regardent pas vers l'avenir (c'est-à-dire vers le Christ), les juifs vieux jeu, les juifs passés de mode, ne sont plus des juifs : ce sont des tocards voués à une errance bien méritée, et qui ne viendront pas pleurer si un jour on les persécute, c'est vrai, quoi, ils l'ont bien cherché, aussi : il suffit juste d'*accepter* qu'un homme, fils de Dieu, est mort sur une Croix et qu'il reviendra tout à l'heure, bientôt, demain, et c'est marre. C'est quand même pas la mer Morte à boire !

Pour Paul, le judaïsme « initial » était une bonne chose. Il ne faisait que « préparer » la venue du christianisme, seul judaïsme « acceptable » : ce que Paul préfère dans le judaïsme, c'est l'antijudaïsme ! Ce que Paul adore dans le judaïsme, c'est le christianisme !

« Car ce ne sont pas les auditeurs de la loi qui seront déclarés justes devant Dieu, mais les pratiquants de la loi qui seront déclarés justes », écrit Paul dans sa *Lettre aux Romains* (2,

13). Pour lui : le salut est quelque chose de bien trop sérieux pour être laissé aux juifs. Faut-il changer la loi ? Pas la peine : il s'agit de changer d'élection ! D'élire un autre « peuple » ! De réélire, soi-disant au nom d'Israël, une autre « communauté » : les chrétiens !

Les juifs vus par Paul sont des juifs qui ne partagent pas leur Dieu. Ce sont des élus radins. Ils ne transmettent pas une miette de leur élection aux autres. « Dieu est-il seulement le Dieu des juifs ? Ne l'est-il pas aussi des gens des nations ? Si vraiment Dieu est un seul, qui déclarera justes les circoncis par suite de la foi et justes les incirconcis par les moyens de leur foi ? » (*Lettre aux Romains*, 3, 29-30) qui est en train de réaliser le plus grand détournement théologique (et par conséquent politique puisque la mystique finit toujours par se transformer en politique) de tous les temps.

Paul est un « rectificateur » d'élection. A la mesquinerie pas prêteuse des juifs juifs qui ne sont plus dignes du judaïsme, il oppose la générosité universelle des juifs chrétiens qui sont les juifs nouveaux, les seuls juifs désormais : licites, les seuls juifs désormais : légitimes. Bien fait ! s'exclame Paul : les juifs n'avaient qu'à être plus juifs que ça ! C'est pas de ma faute si les chrétiens sont plus juifs que les juifs ! Laisser le judaïsme aux juifs de départ, aux juifs initiaux, c'est donner de la confiture aux cochons. Les juifs historiques ne savent pas se servir du judaïsme ! Le judaïsme demande plus d'universalisme qu'ils ne pourront jamais en garantir aux nations. Ils n'en sont par conséquent pas : dignes ! Et s'ils n'en sont pas dignes, c'est que ce n'était pas eux les juifs : c'est que ce n'est plus à eux d'être considérés comme des juifs ! Ce n'est plus à eux d'être élus ! Pour Paul, Dieu, au départ, s'est : trompé de juifs !

Un poids retomba ensuite de chaque chose,
le coup étant passé.

28

> Revenir à la liturgie silencieuse : tel est mon lot. On peut y recevoir autant que l'on a besoin, je l'expérimente chaque jour.
>
> EDITH STEIN

La famille d'Edith se disperse dans le monde pour échapper aux nazis. Edith quitte le Carmel de Cologne pour celui d'Echt, en Hollande. Elle aurait pu en profiter pour gagner la Suisse. Elle ne l'a : pas fait. Elle aurait pu, comme on lui a proposé, partir en Amérique du Sud. Elle ne l'a : pas souhaité.

Suicidaire ? Non : ce n'est pas dans la psychologie d'une martyre que d'être suicidaire (c'est même : exactement le contraire).

Elle y arrive le 31 décembre 1938. En 1939, le dimanche de la Passion, elle prend sa plume et écrit à la prieure : elle lui demande la permission de s'offrir à Dieu pour la paix du monde (ce qui lui est accordé) et le *salut des juifs* (ce qui lui est... accordé).

Edith le sait mieux que quiconque : elle n'est pas du tout en sécurité au Carmel. La Gestapo l'a : repérée. Un mandat d'arrestation est lancé contre Edith. C'est la conséquence d'une démarche commune des catholiques et des protestants qui avaient protesté, au mois de juillet 1942, contre les déportations des juifs de Hollande.

> EDITH :
>
> Mystérieuse destination du peuple d'Israël. Tant d'autres, qui voudraient la gloire, sont forcés de se tenir tranquilles. Et lui, qui voudrait bien être un peu tranquille, il est forcé à la vocation, il est forcé à la gloire. Là est la fatalité même. Là est la mystérieuse destination d'Israël.

C'est un dimanche d'août (1942). Edith prie. Ce matin, elle a plié sa robe de mariée. Elle s'est dit que la texture de la réalité était étrange. Le ciel est bleu, comme tous les ciels bleus sont bleus en août. Des oiseaux de toutes sortes se sont fait concurrence dans ce ciel. Ils ont aimé son bleu. Et des petites filles, des petits garçons, accompagnés de leurs parents, sont allés dans l'herbe de ce dimanche bleu pour pique-niquer. Des adolescents ont joué, plus loin, des airs d'accordéon populaires. Un sentiment se propage dans l'air : que la mort est impossible en été. Que la mort, dans le bleu, n'existera jamais. C'est une vie ordinaire qui se déploie ici, dans la petite ville d'Echt : nous sommes en présence de familles qui marchent, libres et heureuses de vivre ce moment de chaleur et de repos : les dimanches hollandais font attention à leur bleu de ciel. Ils n'indiquent jamais de : drame. La Hollande est un morceau de bonheur : une pareille définition s'enfoncerait un peu plus dans le bleu, mais on comprend ce que tout ce bleu signifie : une menthe à l'eau en terrasse, la lèvre d'un homme heureux cognant la lèvre molle d'une femme aux seins lourds, et tellement belle. C'est une ville dans sa sueur estivale : une ville joviale et trempée, fourbue de bonne fatigue chaude et déjà, dans les couloirs du ciel, des fusées d'oiseaux repassent.

Edith connaît un ciel analogue si, par la fenêtre de sa cellule blanchie, minuscule, elle passe la tête. Elle verrait cet analogue et similaire bleu : ce bleu partagé par tous les hommes, toutes les femmes d'Echt en ce dimanche qui, sur les calendriers, est : un dimanche comme les autres.

Edith avait été prévenue par un message de la municipalité de Westerbork (où se trouve un camp de transit avant le départ pour Auschwitz) : emporter quelques médicaments, des couvertures, des vêtements chauds.

Ça faisait des millénaires, ça faisait depuis la naissance du Christ que ce dimanche-là était : prévu. Pendant 1942 années, on n'a pas vraiment su de quoi, notamment à Echt, il : serait fait. De quoi il serait : rempli. Quel serait son (hollandais) visage. C'était un dimanche en attente : un dimanche inéluctable sur les agendas du monde. Pas plus : et : pas moins. Même le bleu de son ciel n'était pas : prévisible.

Les nazis ont frappé à la porte du Carmel.

La prieure a ouvert. Elle a essayé de gagner un peu de temps. Edith a terminé de faire sa valise. Elle n'a pas prononcé un mot. Les nazis ont failli s'énerver. Ils n'ont pas souhaité être patients. Ils n'ont pas souhaité faire autre chose qu' : exécuter les ordres. Les 29 première secondes, ils ont été d'une courtoisie exemplaire, ils se sont exprimés dans un allemand parfait, presque châtié, presque emprunté. Mais lorsqu'ils ont décelé, chez la prieure, un soupçon de volonté de gain de temps, une possibilité de négociation induite, une tentative moléculaire de différer l'inéluctable, une amorce de fantasme de règlement à l'amiable, bref : une hésitation parfaitement humaine de leur livrer Edith, ils se sont mis à proférer des jurons et à utiliser, outre des grossièretés ignobles, des menaces contenant des mots comme « feu », « flammes », « incendie », « cadavres », etc.

Edith est : prête.

EDITH :

Quoi qu'il arrive, je suis prête à tout. L'Enfant Jésus est aussi parmi nous. Seigneur, c'est

> ta Croix qui est imposée à notre peuple. La plupart des juifs ne veulent pas croire en notre Sauveur. Mais n'incombe-t-il pas à ceux qui le comprennent de porter cette Croix ? C'est ce que je désire faire. Je te demande seulement de me montrer comment.

Edith ne s'épouvante pas. La mort, elle ne connaît pas. Elle est prête à : essayer. La prieure ne parvient pas à retenir ses larmes. Les nazis trouvent que ça dure trop. Que ça commence à « bien faire ». Dehors, une foule commence à se former. Il y a sans doute encore sur terre, au moment même où j'écris ces lignes, des êtres qui ont assisté à l'arrestation de : sœur Thérèse Bénédicte de la Croix. Edith a eu plusieurs noms dans sa vie : Edith, quand elle était enfant : mademoiselle Stein, quand elle était l'élève de Husserl : Edith Stein, quand elle faisait des discours féministes à la tribune : sœur Thérèse Bénédicte de la Croix, quand elle est entrée au Carmel. Mais bientôt, elle en portera un autre (et bientôt, c'est tout à l'heure : bientôt, c'est dans quelques heures à peine).

Ce nouveau nom est un : numéro : 44 074. Ce sera son nom de déportée. On pousse mécaniquement Edith dans le camion à bestiaux. 300 religieux et religieuses ont été arrêtés ce 2 août à travers toute la Hollande.

Ce n'est pas seulement Edith qu'on va déporter, mais les poumons d'Edith. On allait déporter ses doigts, son foie. Exterminer ses poumons. Son œsophage juif. Et ses reins juifs. Ses poumons juifs qui la font respirer juif et inhaler de l'oxygène volé à la race supérieure – les Aryens ne laisseront aux juifs que : du dioxyde de carbone. Ce sera la destruction de son sourire, des juifs d'Europe, oui, mais : de son sourire.

Dans le camp de transit, des femmes hurlent et pleurent. Edith reste lucide. Elle remonte le moral de celles qui, comme elle, n'ont plus que quelques heures à pleurer. Après, tout sera beaucoup plus simple : ce sera : la mort. Une jeune femme est prostrée : elle vacille. Edith la prend dans ses bras. Elle n'essaye pas de lui mentir sur leur sort. Tous savent que c'est : terminé. Edith se dit que c'est là, aussi, que tout : commence. Elle se coule déjà dans une temporalité différente, une géographie plus céleste. Son espérance est à son comble.

> EDITH :
>
> Je suis contente de tout. On ne peut acquérir une science de la Croix que si l'on commence à souffrir vraiment du poids de la Croix.

Edith est : calme. Silencieuse. Elle a des reflets bleus sur le visage. Elle reste à l'écoute : elle est mobile dans l'effroi, efficace. Présente. Presque légère. Une femme est en transe : ça turlupine Edith. Elle veut, *in extremis*, rendre ces cadavres imminents dignes de leur mort indigne, industrielle et nazie. Edith est sincère : elle ne prend pas au tragique une mort qu'elle n'accepte que par la Croix, parce que son peuple : est désormais devenu le Christ. Tout son peuple est le Christ. Et son peuple est tout le Christ.

Jésus était bien un juif : ce n'est pas le moment de défaillir. Il s'agit de regarder cette Passion en face. La Croix est en train de révéler son secret... Edith est plus sensible que jamais.

Plus attirée par son « mec » que jamais. Il lui répond avec des larmes, des barbelés, des coups de crosse, des aboiements de chien : qu'il l'aime. Des femmes appellent au secours. Edith est la fée d'Auschwitz. Toute l'apesanteur qu'elle apporte ici. C'est presque délicieux : c'est divin. Elle s'anime, parle, encourage, prie avec les siennes. Elle requinque les corps. Elle rafistole des âmes. Elle n'est pas invincible : mais infiniment vincible. Elle reste présentable. Elle ne pleure pas sur son cas : attirée qu'elle est par la Grâce des autres, les morceaux de Passion des autres, les figures de douleurs, les yeux qui ont perdu leurs regards.

Comment s'échapper de cet enfer ? On ne peut pas, répond calmement Edith. Des femmes se convulsionnent. Edith leur dit : « tu es belle ». La chaleur est étouffante. Le soleil tape. Le ciel est bleu sur Auschwitz. Les odeurs... Des cris, partout. Une porte s'ouvre (c'est la terreur). Edith se lève, elle aide une vieille femme à se lever, elle raconte une blague juive à une jeune étudiante qui n'étudiera jamais plus. On les fait traverser une cour. Edith et les siennes sont gazées. Puis on les brûle au four crématoire.

Edith est une martyre juive : l'étoile jaune fut cousue sur ses vêtements à partir de 1942, elle n'a plus pu dispenser ses cours de philosophie dans l'Allemagne hitlérienne : elle a connu la peur : elle a connu les humiliations. Edith est une martyre chrétienne : comme toutes les carmélites, elle a fait don de sa personne à : Jésus sur la Croix. Les nazis sont venus chercher la martyre : chrétienne pour l'exterminer en tant que martyre : juive.

EDITH :
Il ne sera pas dit qu'une chrétienne n'aura pas retrouvé ses racines en eux, auprès d'eux, avec eux. Il ne sera pas dit qu'une chrétienne n'aura pas souffert avec eux, auprès d'eux... Il ne sera pas dit qu'une chrétienne ne sera pas morte aussi pour avec eux et pour eux.

D'un seul coup, le silence avait cessé de respirer.

29

> Je ne suis qu'un instrument de Dieu et n'ai qu'un désir : conduire à Lui celui qui vient à moi.
>
> EDITH STEIN

Edith est béatifiée le 1er mai 1987 et canonisée le 11 octobre 1998. Elle est, depuis le 1er octobre 1999, copatronne de l'Europe – avec sainte Catherine de Suède et sainte Catherine de Sienne. « Juive, philosophe, religieuse et martyre, unie au Christ crucifié, dit Jean-Paul II, elle a donné sa vie pour la vraie paix et pour le peuple. Dans les camps d'extermination, elle est morte en fille d'Israël, pour la sanctification du Nom. » Puis : « Soyez les fidèles gardiens du message et du témoignage d'Edith Stein. »

La mort biologique d'Edith Stein n'intéresse pas Edith Stein : ce n'est pas son problème : la mort d'Edith Stein, ce n'est pas le problème d'Edith Stein : c'est le problème de la mort. Peu importe que « la vie d'Edith Stein » s'interrompe, se dit Edith Stein : « Edith Stein » continuera, elle. Elle fera sans. La mort d'Edith Stein est une anecdote sans importance (c'est-à-dire banale, c'est-à-dire secondaire) dans le destin, dans le parcours, dans *la carrière* d'Edith Stein.

La plupart des gens profitent de leur mort pour ne plus rien faire : pas Edith. Et même chez les saints il y a des tire-au-flanc (que font, en cet instant, saint Vladimir et saint Raoul ?) : pas Edith. Edith n'a pas l'éternité paresseuse. Elle sait que l'instant de la vie humaine n'est qu'une forme possible, passagère, d'une éternité compliquée, d'une éternité bossuée, cabossée, accidentée.

L'éternité, ce n'est pas une longue plage infinie et vierge : c'est le prolongement du présent : ce n'est pas la projection dans l'avenir. L'avenir n'existe que dans la vie humaine : il n'habite pas dans le temps.

Il habite dans les vies humaines qui habitent dans le temps. Le temps, lui, n'est qu'un présent qui se prolonge : un présent infiniment prolongé : et quand un nom se prolonge aussi longtemps que ce présent, l'éternité de ce nom est appelée « un saint » : et pour Edith (Stein, pas Piaf) : « une sainte ». (Piaf c'est la postérité : c'est rien.)

La sainteté, ce n'est pas quelque chose de reposant. De linéaire : ni de lisse : ce n'est pas un plan incliné sans frottement. Ce n'est pas un référentiel galiléen. Un nom saint, le nom d'une sainte, l'histoire de cette femme, doit se défendre à chaque instant (à chaque instant infiniment prolongé, infiniment dilaté) contre les attaques : oubli, inculture, perte de la foi.

La femme de l'Histoire, la femme de la littérature, la musicienne, la peintresse, l'architecteu, l'écriveine, sont installées dans la postérité comme l'astronaute est installé dans une capsule spatiale au milieu d'une pluie de météorites (à la durée infinie) : elle passe « sa vie », son « temps » à frôler la mort, la mort de son nom, la mort de son histoire, la mort de son règne, la mort de son œuvre, et jusqu'à : la mort de sa mort.

Ce qu'on offre aux saints, ce à quoi les saints accèdent, c'est (à) une immunité de l'oubli : ce qu'on donne aux saints, ce n'est pas une éternité tranquille. Ce qu'on octroie aux saints, ce n'est pas une éternité de tout repos. Le commun des mortels se bat pour la postérité : le commun des immortels se démène dans l'éternité.

L'équivalent, pour un saint, de la postérité pour un homme, c'est l'éternité. L'éternité est aussi peu reposante pour un saint que la postérité l'est pour un homme. L'équivalent, pour un saint, de la vie pour un homme, c'est la postérité. La postérité est aussi naturelle pour un saint que la vie l'est pour un homme.

Un (vrai) saint ne connaît pas le repos éternel : mais le : travail, éternel.

Le sentiment apocalyptique de la vie.

30

> Un corps en bonne santé ne trouble pas l'âme. Il est la demeure qui lui est préparée, qui rend possible une vie libre et sainte.
>
> EDITH STEIN

Il n'y a pas vraiment d'équivalent, dans la vie des hommes, de la vie d'un saint. Parce que la vie d'un saint c'est aussi, c'est d'abord, la vie d'un homme. Parce que la vie d'un saint : c'est la vie de tous les hommes.

De tous les hommes : à la fois. La vie d'un homme, ce n'est que la vie de cet homme : la vie d'un saint, ce n'est pas la vie de cet homme : ce n'est pas seulement la vie de cet homme : la vie d'Edith Stein, ce n'est pas seulement la vie d'Edith Stein : c'est la vie de toutes les femmes (et de tous les hommes), et si Edith ne meurt pas, c'est parce que tous les hommes ne meurent pas.

Si Edith a eu une vie après la vie d'Edith, c'est parce que les hommes continuent de vivre quand les hommes meurent. A l'exception des génies, il y a rarement de la postérité pour un homme : il y a toujours de la postérité pour l'homme.

> EDITH ·
> Il n'y a que la doctrine chrétienne au monde qui fait à ce point de la mort temporelle quelque chose qui n'est pas important, quelque chose qui est anecdotique. Qui est rien du tout. Une insignifiance. Ça me parle. La mort temporelle, c'est vrai que ce n'est rien du tout, que ça n'existe pas en regard de la mort éternelle.

Un homme, ça ne passe presque jamais à la postérité : l'homme ça passe absolument toujours à la postérité. Tous les hommes, ça passe sans arrêt à la postérité : tous les hommes pris ensemble, cela forme la postérité de l'homme : ça habite la postérité : et ça la forme : et ça l'incarne : la postérité est aussi naturelle pour tous les hommes ensemble que la vie humaine l'est pour un homme en particulier : un saint accède automatiquement à la postérité (plus bas échelon de l'éternité, le deuxième étant l'immortalité) parce que la vie d'un saint est vécue pour tous les hommes.

Le désir (le plus cher, le plus profond) d'Edith, c'est de faire encore du bien après sa mort : de « passer son ciel à faire du bien sur la terre jusqu'à la fin des temps », comme disait sainte Thérèse de Lisieux (*Carnet jaune* de mère Agnès de Jésus : « entretiens » avec Thérèse). Quelle incroyable inouïe magnifique formule : « *Passer son ciel* à faire du bien sur la terre jusqu'à la fin des temps » : « *Passer son ciel !* » Je ne m'en remettrai jamais. « *Faire* du bien » après sa mort : le terme important, ici, ce n'est pas « bien », c'est « faire ». C'est le verbe « faire » : preuve qu'après la mort, qui n'est que l'interruption biologique, *anecdo-*

tique, de la vie humaine, tout reste à faire. Après la mort, c'est la vie qui commence. Un boulot de dingue attend Edith Stein après sa « mort » : après la mort, ce sont les choses sérieuses qui commencent

Lève donc ce voile.

31

> Dieu sait ce qu'il va faire de moi. Je n'ai pas besoin de m'en soucier.
>
> EDITH STEIN

Un « saint mort » : ça n'existe pas. C'est comme de la neige noire : c'est comme la division par zéro en mathématiques : ça n'est pas défini. Ça ne fait pas *sens*. Un saint, ça *vit*. Rien ne vit plus qu'un saint. Ça ne vit pas seulement dans la vie humaine, mais dans l'immortalité. L'immortalité c'est le mode d'existence du saint. Sa vie de tous les jours. C'est le quotidien du saint.

La « mort d'un saint » ce n'est pas une question qui se pose en termes de vie humaine. C'est une question qui se pose dans l'immortalité. Un « saint qui meurt » : c'est un saint non pas sans immortalité : c'est un saint sans éternité : c'est un saint qui n'existe pas dans l'éternité. C'est un saint qui ne fait rien dans l'éternité. C'est un saint qui n'a rien à faire dans l'éternité.

Les reliques de Thérèse de Lisieux, ce n'est pas le corps mort de Thérèse de Lisieux. Ce n'est pas un morceau de biologie de Thérèse. C'est un morceau de l'immortalité de Thérèse. Les reliques de Thérèse, ce ne sont pas les restes de la vie temporelle de Thérèse : ce sont les preuves de la vie éternelle de Thérèse.

L'immortalité d'Edith, c'est Edith au repos. L'éternité d'Edith, c'est Edith en activité : c'est Edith au travail. Un saint au repos, c'est un saint qui se contente de l'immortalité. Un saint au travail, c'est un saint qui s'inscrit dans l'éternité. Un saint qui œuvre, c'est un saint qui appartient à l'éternité. Un saint qui pense, c'est un docteur de l'Eglise.

Un saint qui a une vie, c'est un saint qui loge dans l'éternité. Un saint qui construit une œuvre écrite, c'est un docteur de l'Eglise. Thérèse de Lisieux, dans l'éternité, possède à la fois : une vie et : une œuvre. Edith nous laisse une œuvre de plusieurs milliers de pages.

Nous ne possédons pas de reliques d'Edith puisque le corps (gazé) d'Edith a été brûlé. Nous avons des reliques de Thérèse. Les reliques de Thérèse, ce ne sont pas des morceaux morts de Thérèse, ce sont des morceaux vivants de sainte Thérèse.

Aucun saint ne peut vivre dans l'immortalité, ni travailler dans l'éternité tant que son corps humain n'est pas : derrière lui. Tant que son corps humain n'est pas de : l'histoire ancienne.

L'éternité, ce n'est pas le repos. L'éternité, ce n'est pas le silence. L'éternité, c'est le lieu de l'activité des saints. C'est le lieu de travail. C'est le royaume des saints en *activité*.

Un saint allongé dans son cercueil, sous son gisant, n'est, tout simplement, qu'un saint en baisse d'activité, peut-être en cessation d'activités. Un saint dont le message est oublié, dont l'héritage est flou, dont le message est atténué, dont la parole est émoussée, n'est peut-être qu'un saint au chômage (technique, spirituel). Ou bien : c'est simplement un saint qui se contente d'immortalité, qui n'aspire pas à la (moindre) éternité.

Edith, elle, n'a jamais été aussi active que depuis que son corps biologique est : mort. Sa vie dans le monde des hommes lui a ouvert les portes de l'immortalité : sa vie dans le monde des saints lui a ouvert les portes de l'éternité.

Son travail dans son existence de femme l'a fait passer dans la l'immortalité. Son travail dans son existence de sainte l'a fait passer dans : l'éternité.

La durée de l'immortalité, pour un homme (cette durée s'appelle la postérité), c'est la durée de l'éternité, pour un saint. La postérité, pour Napoléon ou Debussy, c'est au mieux le temps d'existence du monde. La durée de l'éternité, pour Edith Stein devenue sainte Thérèse Bénédicte de la Croix, c'est au mieux le temps d'existence du temps.

Pour vous, pour moi, on parle de la durée de la vie : pour Napoléon, on parle de la durée de l'immortalité (on parle de postérité). Pour Edith devenue sainte Thérèse Bénédicte de la Croix, on parle de la durée de l'éternité.

Mort et vie d'Edith Stein

Rien n'est éternel : la vie humaine n'est pas éternelle, l'immortalité n'est pas éternelle : et l'éternité n'est pas éternelle. L'éternité semble éternelle aux hommes : elle ne semble pas éternelle aux saints. La postérité des saints mesure la durée de l'éternité des saints.

La vie humaine n'est éternelle ni pour les hommes ni pour les saints. L'immortalité n'est pas éternelle pour les hommes mais elle l'est pour les saints. L'éternité n'est éternelle ni pour les hommes ni pour les saints.

Edith Stein est morte dans la : temporalité. Sainte Thérèse Bénédicte de la Croix est vivante dans l' : immortalité. Sainte Thérèse Bénédicte de la Croix existe dans l' : éternité.

J'aime mieux tout de quelque chose que quelque chose de tout.

32

> On a du temps pour tant de choses inutiles : glaner toutes sortes de balivernes dans les livres, les revues et les journaux ; s'asseoir dans les cafés et bavarder dans la rue pendant des heures... Ne serait-il vraiment pas possible de garder une heure dans la matinée pendant laquelle on se concentre au lieu de se disperser ; une heure pendant laquelle on gagne de la force pour faire face à toute la journée ?
>
> EDITH STEIN

Ce n'est jamais dans la mort que les complications surviennent. C'est toujours dans la vie. Ce n'est jamais la mort qui nous complique l'existence. C'est toujours la vie.

Sainte Thérèse Bénédicte de la Croix est

vivante dans l'immortalité : comme tous les saints. Elle a sa place dans l'éternité : comme quelques saints seulement. Albert Einstein a sa place dans l'immortalité. L'éternité est le lieu de l'œuvre des saints. L'immortalité est le lieu de l'œuvre des hommes.

Et l'immortalité est le milieu naturel de la vie des saints. La vie d'un saint équivaut à l'œuvre d'un homme. Or la vie d'un saint équivaut à la vie de tous les hommes pris ensemble. Donc : la vie de tous les hommes pris ensemble équivaut à l'œuvre d'un seul homme. Tous les hommes pris ensemble, cela équivaut à, cela est de même *nature* que l'œuvre d'un seul homme : d'un seul et unique homme.

Picasso, ce n'est que Picasso. Mais *Guernica*, ce n'est pas seulement, ce n'est pas uniquement, ce n'est pas strictement Picasso : *Guernica*, c'est tous les hommes rassemblés (depuis le début de l'histoire de l'humanité). Picasso, c'est un seul homme, c'est un homme seul. *Guernica*, ce sont tous les hommes ensemble. Picasso, c'est un humain, *Guernica* c'est l'humain. Picasso, c'est un homme : *Guernica* c'est l'homme.

Edith Stein est peut-être morte : mais sainte Thérèse Bénédicte de la Croix est bien vivante. Le futur d'Edith est derrière elle : mais son avenir est devant nous. Son perpétuel présent, qui est le présent des saints, n'a aucun futur : l'éternité n'a aucun futur : l'éternité n'a que de l'avenir. Et le présent, le présent des hommes, n'a jamais de futur. L'avenir existe : le futur n'existe jamais (encore). L'avenir signifie quelque chose : il est l'héritage du présent qui travaille, du génie qui crée, du saint qui voyage. L'avenir a sa place dans le présent, dans la postérité, l'immortalité, et l'avenir a sa place dans l'éternité. Le futur n'a sa place nulle part : le futur n'a sa place que dans le futur. Toutes les immortalités ne se valent pas parce que tous les saints ne se valent pas : et parce que tous les noms de génies ne se valent pas : et parce que tous les chefs-d'œuvre ne sont pas équivalents entre eux. Il n'y a pas de démocratie entre les chefs-d'œuvre : il n'y a pas d'égalité entre deux chefs-d'œuvre.

Toutes les vies humaines se valent : et la vie d'un saint du temps de sa vie biologique humaine vaut la vie de n'importe quel autre homme : mais une fois installé dans son immortalité quotidienne de saint, même si sa vie sainte équivaut à chaque vie sainte, son travail en tant que saint, son activité de saint n'est pas équivalente aux travaux, aux activités des autres saints : de même que l'activité de Mozart n'est pas équivalente à l'activité du plombier, du journaliste ou du contrôleur de train. Tous les hommes se valent, mais aucune activité humaine n'est équivalente à aucune autre activité humaine : les hommes se valent du temps de leur vie humaine : mais les hommes ne se valent plus dans la postérité, quand l'heure est venue pour le fruit de leur travail d'y entrer ou non, d'y accéder ou pas.

Tous les saints se valent, mais aucune activité sainte n'est équivalente à aucune autre : les saints se valent du temps de leur immortalité : mais les saints ne se valent plus dans la l'éternité, quand l'heure est venue pour le fruit de leur travail d'y accéder ou pas.

Et lorsqu'un saint, une sainte, devient

docteur de l'Eglise, ce n'est pas seulement le saint, la sainte, qui voyage, mais c'est sa pensée : mais c'est sa doctrine. Un docteur de l'Eglise, ce ne sont pas des cendres et des ossements de corps humain décédé dans une urne que l'on balade à travers les fuseaux horaires, un docteur de l'Eglise, c'est un saint au travail et une pensée en mouvement. Un docteur de l'Eglise, c'est un saint qui a sa place dans : l'éternité. Un docteur de l'Eglise, c'est un saint qui a du génie : c'est un génie de saint : c'est un Proust, c'est un Mozart, c'est un Colette, c'est un Picasso de saint. Edith Stein *en est.*

L'œuvre d'Edith Stein a sa place dans : l'éternité : exactement comme un homme de génie laisse une œuvre, dans le temps humain, qui a sa place dans la postérité. Mais chez les saints, contrairement à chez les hommes, l'œuvre et la vie se confondent : la vie d'un saint, c'est son œuvre : et l'œuvre d'un saint, c'est sa vie. C'est pourquoi les saints qui travaillent (dans la postérité et pour l'éternité, pour s'inscrire dans l'éternité) sont non seulement des vies qui œuvrent, mais des œuvres qui œuvrent. Des travaux qui travaillent. Des activités en pleine activité. Des œuvres d'œuvres : les saints sont des œuvres au carré : quand ils travaillent. Les docteurs de l'Eglise travaillent : ne cessent de travailler (puisque leur pensée, puisque leur doctrine est en perpétuel : mouvement).

La paix n'est point dans le repos. Ce n'est point le repos que je désire.

33

> Le judaïsme possédait, et possède toujours, une liturgie aux riches développements pour le service divin public et domestique, pour les grandes fêtes et pour chaque jour.
>
> EDITH STEIN

Sainte Thérèse Bénédicte de la Croix est : patronne de l'Europe. Elle est patronne d'une géographie. Elle est patronne d'un espace. Elle est patronne d'espace. Mais Edith Stein, la juive Edith Stein, est : patronne d'Israël. Pendant des siècles, les chrétiens ont accusé le peuple juif d'être les assassins du Christ, et, *par suite* : les assassins de Dieu. Pour Edith Stein, les assassins de Dieu sont ceux qui, *précisément*, s'en prennent aux juifs. Edith Stein est : la patronne d'Israël.

Israël, ce n'est pas seulement, ce n'est pas uniquement, ce n'est pas strictement une entité politique : c'est une entité spirituelle : c'est une entité mystique.

Israël, c'est toujours un peu plus qu'Israël. La France, c'est toujours égal à la France : l'Angleterre, c'est toujours inscrit dans l'Angleterre. Israël, c'est supérieur ou égal à Israël. L'Italie, c'est toujours circonscrit à l'Italie : c'est toujours limité à l'Italie. Pas Israël : Israël, ça ne coïncide pas *exactement*, ça ne coïncide pas *strictement*, ça ne coïncide pas *géométriquement* avec Israël.

Il y a une transcendance d'Israël : qui fait qu'Israël n'est jamais réductible à sa configuration politique, géographique, économique, sociale. *L'Etat* d'Israël, ce n'est pas seulement *l'entité étatique* qu'est Israël. Mais c'est aussi *l'état d'Israël* c'est-à-dire *l'état dans lequel* se trouve Israël : qui signifie à son tour l'Etat dans lequel se trouve « Israël ». Car *l'état* d'Israël, c'est aussi l'état du monde.

Israël n'a pas été construit que sur un sol : il a été construit sur de l'histoire : il n'a pas été simplement construit *dans* le temps : il a été construit *sur* du temps. Israël n'est pas, comme le sont les Etats-Unis, le « gardien du monde » : il est le gardien du temps. C'est là, en Israël, que : le temps habite. C'est là que le temps vit : c'est là que le temps passe la plupart de son temps.

Edith Stein est : la patronne d'Israël : Edith Stein est : la patronne du temps.

Les Etats-Unis non plus ne coïncident pas avec eux-mêmes : mais si les Etats-Unis débordent les Etats-Unis, c'est pour des raisons économiques : c'est parce que les Etats-Unis, économiquement, n'ont pas de frontière : c'est parce que, économiquement, leur puissance n'a pas de limite : et c'est parce que, militairement, leur pouvoir ne connaît pas de frontière : et c'est parce que, militairement, leur force de frappe ne connaît pas de limite. Les Etats-Unis sont sans doute (provisoirement, en attendant la Chine) les maîtres du monde, mais Israël est le maître du temps : le temps des hommes, le temps de la culture des hommes, le temps humain de la Bible et le temps humain du Christ, le temps humain de la civilisation : le temps de la réflexion sur le temps : le temps de la religion et le temps des religions. Et le temps de l'histoire. Le temps métaphysique. Le temps qui a donné naissance à toutes les sortes, à toutes les formes de temps.

Non pas qu'Israël ne soit que temps : non pas qu'Israël ne soit pas géographique, ne soit pas spatial : mais il parvient, étant la capitale du temps, à s'arracher à sa seule géographie, à dépasser, à surpasser sa spatialité. L'espace d'Israël est encore plus grand que sa géographie : l'espace d'Israël continue dans le temps. Il déborde sur le temps.

L'espace d'Israël commence sur la carte du monde et se déploie sur la carte du temps. Ses frontières sont infinies : les juifs d'Israël n'ont pas renoncé à l'espace au profit du temps : ils ont agrandit l'espace en lui faisant de la place : ils ont modifié l'espace en le prolongeant dans le temps : ils ont élargi l'espace en le généralisant au temps. Israël comme simple espace, d'un côté, et comme simple temps, de l'autre, est une vision obsolète : est une vision erronée (attendue, scolaire) : aussi obsolète, et erronée que la conception classique en physique de l'espace et du temps : on sait (depuis Einstein, un juif) que l'espace et le temps ne sont certes pas confondus mais : indissociables.

Dieu, infini ; le reste, indéfini.

34

> Alors je commence à me réjouir à la perspective de voir un jour la lumière de la Gloire dans laquelle me sera dévoilée, à moi aussi, cette cohérence de sens.
>
> EDITH STEIN

Nous vivons (dit Einstein) dans un *continuum espace-temps à quatre dimensions*. Israël est l'équivalent, comme état, de cette conception défendue : démontrée : par Einstein. Israël, c'est de l'espace et du temps liés : indissociables : attachés. Ce n'est pas un espace comme les autres : et ce n'est pas un temps comme les autres temps. C'est un Etat-espace lié, relié à un Etat-temps. C'est un Etat-espace-temps.

: « En effet, ce n'est pas deux, mais quatre nombres qu'il faut employer pour décrire les événements dans la nature. Notre espace physique, tel qu'il est conçu au moyen des objets et de leurs mouvements, a trois dimensions, et les positions sont caractérisées par trois nombres. L'instant d'un événement est caractérisé par un quatrième nombre. Quatre nombres définis correspondent à chaque événement ; un événement défini correspond à quatre nombres. Donc : le monde des événements forme un *continuum quadridimensionnel.* (...) Le physicien classique décompose le continuum quadridimensionnel en espace tridimensionnel et en continuum de temps unidimensionnel. L'ancien physicien ne se soucie que de la transformation d'espace, le temps étant pour lui absolu.

Il trouve la décomposition du continuum cosmique quadridimensionnel en espace et temps naturelle et commode. Mais, du point de vue de la théorie de la relativité, le temps aussi bien que l'espace varie quand on passe d'un système de coordonnées à un autre. » (Einstein, Infeld, *L'Evolution des idées en physique.*)

Il y a le temps israélien : qui est un temps intrinsèquement lié, intrinsèquement associé à l'espace. On ne peut pas parler de l'Etat d'Israël en ne parlant *que* de l'espace : c'est oublier que l'espace n'a pas de réalité sans le temps : et on ne peut pas parler de l'Etat d'Israël en ne parlant *que* du temps : c'est oublier que ce temps n'a pas de réalité sans l'espace.

Israël n'est pas un morceau de l'espace qui flotte sur le temps : et Israël n'est pas un morceau de temps qui flotte dans l'espace : c'est un prolongement d'une parcelle d'espace dans le temps : c'est une association, c'est la combinaison du temps et de l'espace, la continuation de l'espace par du temps, la traduction de l'espace dans le temps, la projection de l'espace dans du temps, au sein d'un Etat.

Aller en Israël, se rendre en Israël, ce n'est pas seulement voyager dans l'espace, c'est voyager dans le temps : c'est se rendre dans l'espace-temps Israël.

La France ce n'est jamais beaucoup plus que la France. La France, grosso modo, ça tient tout entier dans la France. Israël, ça ne tient pas dans Israël : Israël, ça va beaucoup plus loin qu'Israël. Israël, ça n'est pas strictement circonscrit, ça n'est pas précisément borné, ça n'est pas limité à Israël : à la géographie, à la géométrie, à la topographie d'Israël.

Il y a des pays qui ont tendance, parce qu'ils n'ont plus de culture, plus d'identité, de moins en moins de spiritualité, de moins en mois de personnalité – de moins en moins d'importance –, il y a des pays qui ont tendance à se contracter. La France n'est pas en expansion. La France est en contraction. La France est un pays, une nation qui se contracte. Et il y a des pays au contraire qui se dilatent : des pays qui sont plus grands qu'eux-mêmes : qui vont au-delà d'eux-mêmes. Et la France est un pays qui se contracte : et Israël est un pays qui se dilate : qui dépasse sans cesse sa propre géographie, sa propre géométrie, sa propre géodésie, sa propre topographie. Israël est plus grand qu'Israël. La France est devenue moins grande que la France.

Je sais qu'elle est entièrement à moi.

35

> Nous sommes dans le monde pour gagner l'humanité.
>
> EDITH STEIN

Jamais le peuple d'Israël n'aurait pu survivre en exil s'il ne s'était inscrit dans le temps : s'il ne s'était protégé par sa mémoire : s'il ne s'était abrité dans son histoire : s'il ne s'était protégé par le souvenir : par une expérience commune historique. Le peuple juif a toujours dû, pour exister, pour subsister, griffer un imaginaire spatial sur une réalité temporelle. Injecter de l'espace impossible dans du temps réel : l'identité juive vient de cet espace-temps créé à force de faire entrer mentalement de l'espace dans du temps.

Avant 1948, le peuple juif n'avait que le temps pour espace : n'avait que du temps en guise d'espace : et l'espace, il le créait par l'esprit, par la volonté, par la spiritualité, par la *pensée* en l'annexant au temps. Il injectait de l'espace vital dans du temps vécu. Il injectait un lieu où vivre dans une période de temps à vivre. Il faisait entrer, il faisait loger un territoire où exister dans le temps qui lui restait à vivre. Il demandait au temps d'héberger son espace. Il demandait au temps de bien vouloir héberger cet espace. Il demandait au temps de bien vouloir libérer un morceau de temps pour mettre (momentanément) cet espace à la place.

Ainsi pendant des millénaires, l'Etat d'Israël ne fut pas situé dans l'espace, mais dans le temps : en attendant qu'un espace, en attendant qu'une place se libère dans la géographie, l'Etat d'Israël s'est réfugié, s'est replié dans la temporalité. En attendant qu'on libère une place pour Israël dans la réalité, le peuple juif lui en a donné une dans la volonté. Le lieu de réalité, c'est l'espace : et le lieu de la volonté : c'est le temps.

Le travail que l'espace n'a pas pu faire, alors, c'est le temps qu'il l'a fait : ce ne fut possible que parce que la structure du temps et celle de l'espace en font deux entités compatibles : en font deux entités qui, loin de se repousser, s'entredigèrent.

Le peuple juif n'a pas « inventé » la possibilité de faire entrer de l'espace dans du temps : mais il en a montré la possibilité : mais il en a montré la nécessité : mais il en a montré l'efficacité. Il n'a pas inventé cette possibilité de faire entrer, par la culture, par la religion, par l'histoire, par le courage, par la spiritualité de l'espace dans du temps (de demander à du temps d'héberger de l'espace) : mais du moins l'a-t-il découverte. Et du moins l'a-t-il (é)prouvée. Quand on se rend en Israël, il faut bien comprendre que ce n'est pas que l'espace, que ce n'est pas que le lieu, que ce n'est pas que le territoire qui est différent : mais que c'est le temps qui est différent. Car ce temps a hébergé les juifs. Car ce temps a longtemps été la seule terre d'asile des juifs.

Le temps a hébergé le peuple juif : le temps, longtemps, a servi de terre au peuple juif : et c'est pour ça, et c'est pour cette raison qu'aujourd'hui, Israël est plus grand qu'Israël : c'est pour ça qu'à l'Israël spatial est toujours associé un Israël temporel : c'est pour ça que se superpose toujours et sans cesse à l'Israël des kilomètres et des hectares l'Israël des jours et des années : c'est pour ça qu'il y a une annexe d'Israël dans le temps : et que le véritable territoire qu'occupe Israël n'est pas tant situé dans l'espace que dans le temps.

C'est parce que le temps, hier, a servi de refuge à tout un peuple, de territoire commun à toute une culture qu'aujourd'hui Israël déborde encore son territoire, qu'Israël déborde encore d'Israël pour se répandre, non dans l'espace, mais dans le temps. Il y aura toujours une place pour Israël sur la carte du temps. Et dans le cœur du temps. Et au cœur du temps : au cœur de l'histoire.

Si les frontières d'Israël doivent se dilater, qu'elles se dilatent ! Le temps est là pour donner à l'Etat d'Israël l'étendue, la place, toute l'étendue, toute la place que la topographie lui refuse : que la géographie rechigne à lui céder. Laissons la terre qu'ils méritent aux

Palestiniens et le temps qu'ils réclament aux Israéliens. Laissons les territoires géographiques à ceux qui ont trouvé un refuge dans l'espace : laissons les territoires temporels à ceux qui, jusqu'à la fin des temps, habitent en même temps dans l'espace et dans le temps.

L'Etat d'Israël, situé simultanément dans l'espace et dans le temps, est le plus complexe de la planète : ce n'est pas un Etat classique : ce n'est pas un Etat euclidien : il n'est pas situé dans un repère galiléen : ce n'est pas un Etat avec une abscisse et une ordonnée . c'est un Etat qui commence dans le temps, se poursuit (1948) dans l'espace, et déborde cet espace à la fois dans l'espace (territoires annexés) et dans le temps. Israël est à la relativité générale ce que les Etats-Unis sont à la physique newtonienne : et la France à la physique aristotélicienne !

Israël est le premier Etat, le seul, situé à la fois dans l'espace et dans le temps : dans *son* espace-temps. Dans la Genèse, la fonction des luminaires est claire : ils ont pour tâche de travailler sur le temps, d'inventer, en quelque sorte un temps *sur mesure*, un temps adapté à leur culture, à leur sensibilité (à leur spiritualité) : ils doivent en fait organıser le calendrier.

Le calendrier, un calendrier, ce n'est pas découper le temps, ce n'est pas découper du temps comme on découpe(rait) : des tranches de jambon. Ce n'est pas une simple mise à disposition du temps par l'organisation, par la hiérarchisation rationnelle, intelligente, *intelligible* de son écoulement : de sa structure.

Ce n'est pas une professionnalisation du temps : ce n'est pas une opération chirurgicale effectuée sur le temps : ce n'est pas la technique humaine, de la précision humaine plaquée sur un écoulement diffus informe infini. Mais c'est la mise en accord d'une : conception du temps avec une : perception du temps.

Ce n'est pas une tâche destinée à rendre le temps scientifique, à rendre le temps universel, à le rendre : « objectif ». Ce n'est pas une opération destinée à mettre le temps en équation, à tirer de lui sa quintessence définitive, à lui faire cracher son mystère : non : c'est une opération qui consiste à harmoniser une : conception du temps avec une : expérience de ce temps.

C'est faire en sorte que la manière dont on le mesure coïncide (au mieux) avec la façon dont on l'éprouve. C'est faire en sorte que la manière dont on l'éprouve coïncide (au mieux) avec la façon dont on le mesure.

C'est faire en sorte que la manière dont on le découpe coïncide (au mieux) avec la façon dont on le perçoit. Il n'est pas question de le définir une fois pour toutes : pas question de le : figer.

Pas question de le : généraliser : et pas question de : l'universaliser. La question n'est pas tant pour le peuple juif de définir le temps universel que de trouver un temps qui ressemble à ce peuple : un temps (commun) qui rassemble ce peuple. La question n'est pas tant de définir le temps que de trouver quel est le temps qui nous définit (se dit le peuple juif). Ce n'est pas une définition du temps que nous cherchons.

Nous cherchons le temps qui nous : convient : nous cherchons le temps qui nous : représente : nous cherchons le temps qui nous : ressemble. Nous cherchons le temps que nous avons fini par : être.

La canonisation d'Edith Ste…
brûlant ». Qui « pose des problèn…
absurde ! Edith n'est pas ambiguë face à…
tère d'Israël. Ce n'est pas parce qu'Edith
juive catholique qu'Edith est antisémite
catholique. On peut être juif sans être antisémite. On peut être catholique sans être antisémite.

EDITH :

Je suis chrétienne aujourd'hui. Je suis catholique. J'appartiens à Jésus, mais le sort réservé aux juifs souille toute ma famille. C'est l'honneur de tout un peuple qui se joue, ici et maintenant. C'est tout mon peuple qu'on assassine. Un peuple ne peut pas rester sur une injure, une humiliation, un crime.

J'aime tous les êtres qui peuplent l'univers.

36

> Thérèse, la bénie de la Croix, tel est le nom d'une femme qui a débuté son chemin spirituel avec la conviction que n'existe absolument aucun Dieu.
>
> JEAN-PAUL II

Au Carmel, sœur Thérèse Bénédicte de la Croix n'a eu de cesse de sensibiliser ses sœurs à la tragédie du peuple juif. Elle les a initiées au : mystère d'Israël. Elle a voulu leur montrer que le judaïsme n'était pas la négation du catholicisme, que le catholicisme n'était pas la contradiction du judaïsme. Qu'être catholique c'est : être juif en mieux. Qu'être juif n'est pas être catholique en plus pur. Mais qu'être catholique : c'est continuer le judaïsme par d'autres moyens. Qu'être un catholique, c'est cesser d'être un juif mais ce n'est pas cesser d'être juif. Que le catholicisme est un enrichissement du judaïsme. Une branche nouvelle du judaïsme. Que si le catholicisme s'éloigne du juif par la branche, il s'en rapproche par la racine.

Edith a expliqué à ses sœurs que le judaïsme contenait en lui la possibilité (mais pas l'inéluctabilité) du catholicisme. Elle leur a démontré (comme elle savait si bien le faire) que le développement du judaïsme incluait la probabilité du catholicisme. Que le catholicisme n'était pas un accident du judaïsme : mais un de ses ferments. Que le catholicisme était une des ouvertures possibles, une des combinaisons probables offertes par la vitalite, par la croissance du judaïsme.

Edith a expliqué à ses sœurs, au Carmel, que le catholicisme n'était pas la continuité passive, mécanique, logique, mathématique du judaïsme, mais que le catholicisme n'était pas, non plus, la rupture brutale, implacable, irréversible, violente, aveugle avec le judaïsme. Le catholicisme n'est en aucun cas un sous-ensemble du judaïsme. Mais le catholicisme n'est pas, non plus, une sortie du judaïsme. Le catholicisme n'est pas inclus dans le judaïsme. Mais le catholicisme n'est pas, non plus, exclu du judaïsme.

Le catholicisme est-il parallèle au judaïsme ? Le catholicisme et le judaïsme ne sont pas des parallèles qui ne se coupent (Euclide) en aucun point. Mais le catholicisme et le judaïsme sont des parallèles qui, comme chez Riemann, se coupent en un seul et unique point. Et ce point, c'est le : Dieu unique.

Edith canonisée : Edith sainte. Les chrétiens n'ont toujours pas saisi ce qui s'est passé ce jour-là. Les juifs : non plus. Réaliser son judaïsme par le christianisme, dedans le christianisme, au cœur du, c'est trop complexe pour les uns *et* les autres. Etre juive chrétienne, chrétienne parce que juive, juive parce que chrétienne : on a bredouillé des théories, craché quelques analyses haineuses, de part et d'autre. Ici, des chrétiens ont trouvé déplacé qu'on canonise une juive (et Jésus, c'était quoi ? pas un juif peut-être ? et saint Paul ?) : là, des juifs ont été choqués à mort qu'on christianise l'Holocauste, que l'Eglise rende hommage aux victimes de la Shoah en choisissant une convertie.

Mais la vie d'Edith, et sa mort qui remplit presque plus sa vie que sa vie même, est là pour délivrer un drôle de message : les chrétiens resteront abrutis, étriqués, ensevelis, aveugles, idiots, s'ils ne savent pas s'ouvrir à la vraie grandeur du judaïsme. Il faut circuler dans le judaïsme, ouvrir aux chrétiens de nouvelles voies, les faire explorer des nouveaux quartiers. Le judaïsme est, pour les chrétiens, une fabuleuse ligne de crête, une forêt d'antennes.

Edith est un modèle pur pour les chrétiens ouverts : aux trahisons superposées, aux prières parallèles, Edith propose un axe neuf : celui d'équivalences, de glissements incessants. Les juifs et les chrétiens ne parlent pas d'autre chose : ils ont des venins similaires à lécher : des lieux communs à visiter. Le christianisme accompli dans le judaïsme et par lui, ce n'est pas un virus qui trempe dans l'eau pure : et vice versa : rien dans le judaïsme d'Edith n'abîme le christianisme impeccable des apôtres.

Edith n'a pas voulu se donner en exemple : elle a voulu s'inventer, sur mesure, un : christianisme inédit. Mais ce christianisme sur mesure, ce christianisme taillé pour elle au millimètre, il se trouve qu'il nous parle : c'est un christianisme qui : a tout compris.

Un christianisme qui a tout compris, c'est un christianisme qui a le courage de dire qu'on peut : à la fois être juif et chrétien. Et même : qu'il est difficile d'en être autrement ! Le judaïsme est diffracté dans le christianisme.

Le christianisme et le judaïsme ne sont pas des confessions qui s'affrontent, s'opposent, s'écrasent, s'annihilent et se raturent l'une l'autre dans une compétition absurde : c'est l'histoire des hommes, mêlée de politique et d'économie, qui a fait bifurqué les croyances jusqu'à les rendre antagonistes, grimaçantes l'une à l'autre, parfaitement : incompatibles Mais à l'intérieur d'Edith, où elles flottent dans un même cœur, on entrevoit que ce sont les deux visages d'une même humanité, celle du : Livre et celle du : Corps, celle de la : Loi et celle de la : Croix, celle du : Père et celle du : Fils, celle du : Peuple et celle de : Soi.

EDITH :

A Frédéric le Grand qui demandait à un pasteur de lui donner la preuve du christianisme, ce dernier répondit : « Les juifs, Majesté. » De nous les chrétiens ne peuvent douter. Notre existence est la garantie de leur vérité.

C'est parce qu'elle a rencontré Jésus, qu'elle l'a épousé, pour le meilleur mais surtout pour le pire, qu'Edith a pu descendre en ses racines : Jésus était le plus court chemin du ciel à la terre. Pour Edith, le processus de découverte de ses propres racines est inséparable du processus d'approfondissement du judaïsme. Plus Edith est fidèle au Christ, plus elle comprend ce que c'est que d'être juive. Plus elle prie au Carmel, plus elle est solidaire de son Peuple.

EDITH :

Et moi, par un mouvement chrétien profond, suivant une tradition chrétienne des plus profondes, des plus vivaces, des plus dans la ligne,

> dans l'axe, au cœur du christianisme, je veux m'élever jusqu'à la passion, je veux souffrir pour mon peuple, pour le salut de mon peuple, la passion de Jésus sur la Croix.

Il est naïf de croire que l'évolution des êtres est : chronologique. Qu'on naît juif un jour, que quelques années plus tard on « devient » athée et que, plus tard encore, on « devient » chrétien. Le développement, la cristallisation de la foi n'a pas la linéarité smooth des destins historiques. Il n'existe pas de Napoléon de la foi. Ce n'est pas la flèche du temps qui décrit les évolutions mystiques.

La foi est un mouvement brownien. Secousses intemporelles, accélérations de dates, doutes qui ralentissent, retours en arrière, bonds en avant, arrêts, points morts, voyages en enfance, sauts, mort, naissance : Amour.

NUMÉRO 44 074
EDITH THERESE HEDWIG STEIN
NÉE LE 12 OCTOBRE 1891 À BRESLAU
VENANT D'ECHT,
MORTE LE 9 AOÛT 1942 À OSWIECIM

Villeroy, 5 septembre 2007.

Composition et mise en page

NORD COMPO
multimédia

Achevé d'imprimer sur les presses de

BUSSIÈRE

GROUPE CPI

à Saint-Amand-Montrond (Cher)
en février 2008

N° d'Édition : 15199. — N° d'Impression : 080403/4.
Première édition : dépôt légal : décembre 2007.
Nouveau tirage : dépôt légal : février 2008.

Imprimé en France